Em Espírito
e em Verdade

Adoração Espiritual

Dr. Jaerock Lee

*"No entanto, está chegando a hora, e de fato já chegou,
em que os verdadeiros adoradores adorarão
o Pai em espírito e em verdade.
São estes os adoradores que o Pai procura.
Deus é espírito, e é necessário que os seus adoradores
O adorem em espírito e em verdade".
(João 4:23-24)*

Em Espírito e em Verdade – Adoração Espiritual escrito por Dr. Jaerock Lee

Publicado pela Livros Urim (Representante: Johnny. H. Kim)

235-3, Guro-dong 3, Guro-gu, Seul, Coreia
www.urimbooks.com

Todos os direitos reservados. Este livro ou partes dele não podem ser reproduzidos, armazenados ou introduzidos em um sistema de recuperação, nem transmitidos de nenhuma forma ou por nenhum meio (eletrônico, mecânico, fotocópia, gravação ou outro), para nenhuma finalidade, sem a prévia permissão expressa e por escrito, da editora.

A menos que se tenha feito observação específica, todas as citações das Escrituras foram retiradas da Bíblia Sagrada, Nova Versão Internacional (NVI)®, Copyright ©. Usado sob permissão.

Copyright © 2012 por Dr. Jaerock Lee
ISBN: 979-11-263-1281-8 03230
Translation Copyright © 2012 por Dr. Esther K. Chung. Usado sob permissão.

Primeira Publicação em novembro de 2012

Anteriormente publicado em coreano pela Livros Urim em 1992
Editado por Dr. Geumsun Vin
Design de Editorial da Livros Urim
Para mais informações, entre em contato: urimbook@hotmail.com

Prefácio

No deserto de Israel é fácil encontrar acácias. As raízes dessas árvores aprofundam-se centenas de metros no solo em busca de água no subsolo para se manterem vivas. À primeira vista, acácias são boas apenas por sua madeira com alto poder de combustão; entretanto, ela é mais sólida e dura do que outras árvores.

Deus ordenou que a Arca do Testemunho (ou Arca da Aliança) fosse construída com madeira de acácia, revestida de ouro, e colocada no Santo dos Santos. O Santo dos Santos é um lugar sagrado onde Deus habita e no qual só o sumo sacerdote pode entrar. Da mesma forma, o indivíduo que está enraizado na Palavra de Deus, que é vida, não apenas é usado como precioso instrumento diante Dele, mas também é poderosamente abençoado por Deus em sua vida.

É exatamente como Jeremias 17:8 fala: "Ele será como uma árvore plantada junto às águas e que estende as suas raízes para o ribeiro. Ela não temerá quando chegar o calor, porque as suas folhas estão sempre verdes; não ficará ansiosa no ano da seca nem deixará de dar fruto." Aqui, "água" espiritualmente se refere à Palavra de Deus, e a pessoa que é abençoada valoriza muito os

cultos de adoração nos quais a Palavra de Deus é proclamada.
Adorar é uma cerimônia em que respeito e veneração são demonstrados diante da divindade. Em resumo, quando cristãos adoram, trata-se de uma cerimônia em que damos graças a Deus e O exaltamos com nosso respeito, louvor e glória. Tanto nos tempos do Velho Testamento como hoje, Deus procurou e continua procurando aqueles que O adorem em espírito e em verdade.

Em Levítico, no Velho Testamento, estão registrados os mínimos detalhes sobre a adoração. Algumas pessoas afirmam que, uma vez que Levítico tratava de leis de como se ofertar coisas a Deus nos tempos do Velho Testamento, o Livro nos é irrelevante hoje. Isso não poderia ser mais falso, considerando a significância das leis do Velho Testamento sobre adoração que estão permeadas nas formas que adoramos hoje. Como naqueles tempos, a adoração nos tempos do Novo Testamento é o caminho para encontrarmos Deus. Só quando reconhecemos a significância das leis do Velho Testamento sobre ofertas, que são irrepreensíveis, podemos adorar a Deus em espírito e em verdade, nos tempos do Novo Testamento.
Esta obra mergulha nas lições e no significado que cada oferta tem ao explorar separadamente ofertas queimadas, ofertas de cereal, ofertas de paz, ofertas por pecado e ofertas

por culpa, para explicar detalhadamente como devemos servir a Deus. A fim de facilitar a compreensão dos leitores a respeito das leis sobre ofertas, este livro possui figuras coloridas de uma visão panorâmica do Tabernáculo, dos interiores do Santuário e do Santo dos Santos, além dos instrumentos relacionados à adoração.

Deus lhes diz: "Sede santos, porque Eu sou santo" (Levítico 11:45, 1 Pedro 1:16). Ele deseja que cada um de nós entenda completamente as leis sobre as ofertas registradas em Levítico, tendo uma vida sagrada. Espero que você entenda cada aspecto do que diz respeito a ofertar a Deus nos tempos do Velho Testamento e adorá-Lo nos tempos do Novo. Também espero que você examine a maneira como você adora, e venha a adorar a Deus de uma forma que Lhe agrade.

Oro, em nome do Senhor Jesus Cristo, para que assim como Salomão agradou a Deus com suas mil ofertas queimadas, cada leitor desta obra possa ser usado como um precioso instrumento diante de Deus e, como uma árvore plantada junto às águas, que você possa desfrutar de abundantes bênçãos ao exalar a Deus uma fragrância de amor e gratidão, enquanto O adora em espírito e em verdade!

Fevereiro de 2010
Dr. Jaerock Lee

Conteúdo

Em Espírito e em Verdade

Prefácio

Capítulo 1
Adoração Espiritual é a que Deus Aceita   1

Capítulo 2
Ofertas do Velho Testamento, Segundo Levítico   17

Capítulo 3
O Holocausto   43

Capítulo 4
A Oferta de Cereais   67

Capítulo 5
A Oferta de Comunhão   83

Capítulo 6
A Oferta Pelo Pecado   95

Capítulo 7
A Oferta por Culpa   111

Capítulo 8
Apresente Seu Corpo como Sacrifício Vivo e Santo   123

Capítulo 1

Adoração Espiritual
É a que Deus Aceita

"Deus é espírito, e é necessário que os seus adoradores o adorem em espírito e em verdade."

João 4:24

1. Ofertas nos Tempos do Velho Testamento e a Adoração nos Tempos do Novo Testamento

Originalmente, Adão, o primeiro homem criado, era uma criatura que podia ter comunhão íntima e direta com Deus. Depois de ser tentado por Satanás e pecar, o relacionamento íntimo de Adão com Deus foi cortado. Para Adão e seus descendentes, Deus tinha preparado um caminho de perdão e salvação, e abriu o caminho pelo qual eles restaurariam a comunicação com Deus. Esse caminho é identificado nas formas de ofertas nos tempos do Velho Testamento, que Deus graciosamente forneceu.

As ofertas dos tempos do Velho Testamento não foram inventadas pelo homem. Elas vieram de instruções dadas pelo próprio Deus, como vemos em Levítico 1:1: "Da Tenda do Encontro o Senhor chamou Moisés e lhe ordenou..." Também podemos deduzir isso observando as ofertas trazidas por Caim e Abel, filhos de Adão. (Gênesis 4:2-4).

Essas ofertas seguem regras específicas, dependendo do significado que carregam. Os tipos de ofertas são holocaustos (ofertas queimadas), ofertas de cereal, ofertas de paz, ofertas por pecado e ofertas por culpa. Dependendo da gravidade do pecado e das circunstâncias das pessoas ofertando, ofertavam-se gado, cordeiros, cabritos, pombos ou farinha. Os sacerdotes que apresentavam as ofertas tinham de ter autocontrole na vida, ser prudentes em suas condutas, vestir-se com vestes separadas e dar as ofertas preparadas com o máximo de cautela, de acordo com as regras estabelecidas. Essas ofertas eram formalidades complicadas e rígidas.

Durante os tempos do Velho Testamento, quando uma pessoa pecava, ela só podia ser remida, se fizesse uma oferta por pecado, matando um animal e, através do seu sangue, o pecado era expiado. Entretanto, o mesmo sangue de animais, oferecido ano após ano, não podia absolver completamente as pessoas de seus pecados – eram temporárias e, portanto, não eram perfeitas. Isso porque a redenção completa do homem de seu pecado só é possível pela vida de uma pessoa.

1 Coríntios 15:21 nos diz: "Visto que a morte veio por meio de um só homem, também a ressurreição dos mortos veio por meio de um só homem." Por essa razão, Jesus, o Filho de Deus, veio a este mundo em carne e, mesmo não tendo pecado, derramou o Seu sangue numa cruz e morreu nela. Como Jesus Se fez sacrifício uma única vez (Hebreus 9:28), não há mais necessidade de ofertas de sangue que requerem regras rígidas e complexas.

Como lemos em Hebreus 9:11-12, "Quando Cristo veio como sumo sacerdote dos benefícios agora presentes , ele adentrou o maior e mais perfeito tabernáculo, não feito pelo homem, isto é, não pertencente a esta criação. Não por meio de sangue de bodes e novilhos, mas pelo seu próprio sangue, Ele entrou no Lugar Santíssimo , de uma vez por todas, e obteve eterna redenção". Jesus realizou a redenção eterna.

Por meio de Jesus Cristo, não mais oferecemos a Deus ofertas de sangue, mas agora vamos para diante Dele e Lhe oferecemos um sacrifício vivo e santo. Esse é o sacrifício da adoração nos tempos do Novo Testamento. Como Jesus de uma vez por todas ofereceu um sacrifício pelos pecados de todos os tempos, ao ser pregado na cruz e derramar Seu sangue (Hebreus 10:11-12), quando cremos de coração que fomos redimidos do nosso pecado e aceitamos Jesus Cristo, podemos receber o perdão pelos nossos pecados. Não se trata de uma cerimônia que enfatiza a obra, mas uma demonstração de fé que vem do nosso coração. É um sacrifício vivo e santo e um culto espiritual de adoração (Romanos 12:1).

Isso, entretanto, não quer dizer que as ofertas dos tempos do Velho Testamento foram abolidas. Se o Velho Testamento é uma sombra, então o Novo Testamento é a forma em si. No que diz respeito à Lei, as leis sobre ofertar no Velho Testamento foram aperfeiçoadas no Novo por Jesus. Nos tempos do Novo Testamento mera formalidade se transformou em culto de adoração. Assim como Deus considerava irrepreensíveis e puras as ofertas nos tempos do Velho Testamento, Ele se alegrará com nossos cultos de adoração oferecidos em espírito e em verdade nos tempos do Novo Testamento. As rígidas formalidades e procedimentos chamavam a atenção não apenas para as cerimônias aparentes, mas também carregavam significados espirituais bastante profundos. Elas servem como um indicador com o qual podemos examinar nosso comportamento em relação à adoração.

Primeiro, depois de recompensar ou assumir responsabilidade em obras pelos seus erros para com as pessoas ao seu redor, irmãos, ou Deus (oferta por culpa), o crente deve olhar para a vida que teve na última semana, confessar seus pecados e procurar o perdão (oferta por pecado), para então adorar com um coração puro e totalmente sincero (holocausto). Quando agradamos a Deus, oferecendo-Lhe ofertas preparadas com grande cuidado, em gratidão à Sua graça que nos protegeu durante a semana que passou (oferta de cereais) e, dizendo-Lhe os desejos do nosso coração (oferta de paz), Ele os realiza e nos dá força e poder para que vençamos o mundo. Como tais, estão incluídos nos cultos de adoração nos tempos do Novo Testamento muitos significados das leis sobre ofertas do Velho Testamento. As Leis sobre ofertas nos tempos do Antigo Testamento serão exploradas com maiores detalhes do Capítulo 3 em diante.

2. Adorando em Espírito e em Verdade

Em João 4:23-24 lemos: "No entanto, está chegando a hora, e de fato já chegou, em que os verdadeiros adoradores adorarão o Pai em espírito e em verdade. São estes os adoradores que o Pai procura. Deus é espírito, e é necessário que os seus adoradores O adorem em espírito e em verdade." Isso é parte do que Jesus disse a uma mulher com quem havia se encontrado num poço, em uma cidade samaritana chamada Sicar. A mulher perguntou a Jesus, que tinha começado a conversa com ela, pedindo água, sobre o lugar de adoração, um tópico que há muito tempo vinha sendo objeto de curiosidade (João 4:19-20).

Enquanto os judeus davam ofertas em Jerusalém, onde o Templo ficava localizado, os samaritanos ofertavam no Monte Gerizim. Isso acontecia porque, quando Israel se dividiu em dois reinos durante o reinado de Roboão, filho de Salomão, Israel do norte construiu uma lugar alto lá, a fim de bloquear o caminho, impedindo as pessoas de chegarem ao Templo em Jerusalém. Como a mulher sabia daquilo, ela queria saber onde seria o local adequado para adorar.

Para o povo de Israel, um lugar de adoração tem um

significado muito importante. Como Deus estava presente no Templo, eles o separaram e acreditavam que ele era o centro do universo. No entanto, como o tipo de coração com o qual a pessoa adora a Deus é mais importante do que o local da adoração em si, enquanto Jesus Se revelava como o Messias, Ele deixou claro que o conceito de adoração também precisava ser revisto.

O que é "adorar em espírito e em verdade"? "Adorar em espírito" é fazer da Palavra de Deus o pão nos 66 livros da Bíblia, com a inspiração e plenitude do Espírito Santo, e adorar do fundo do nosso coração, juntamente com o Espírito Santo, que habita em nós. "Adorar em verdade" é, tendo o entendimento correto de Deus, adorá-Lo com todo o nosso corpo, coração, vontade e sinceridade, oferecendo-Lhe com alegria, gratidão, oração, louvor, obra e ofertas.

A aceitação ou não de Deus da nossa adoração não depende da nossa aparência exterior ou do tamanho das nossas ofertas, mas do grau de cuidado com o qual a apresentamos a Ele, considerando nossas circunstâncias. Deus aceita alegremente e responde os desejos do coração daqueles que O adoram do fundo de seus corações e O ofertam voluntariamente. Entretanto, ele não aceita adoração de pessoas insolentes, cujos corações são desatenciosos e só se importam com o que os outros acham delas.

3. Oferecendo uma Adoração que Deus Aceita

Nós, que vivemos nos tempos do Novo Testamento, quando toda a Lei já foi cumprida por Jesus Cristo, devemos adorar a

Deus de forma mais perfeita. Isso é porque o amor é o maior mandamento que nos foi dado por Jesus Cristo, que cumpriu a Lei em amor. Adoração é, pois, uma expressão do nosso amor por Deus. Algumas pessoas confessam seu amor a Deus com os lábios, mas, do jeito que O adoram, dá para desconfiar às vezes se elas verdadeiramente amam a Deus do fundo de seus corações.

Se fôssemos encontrar com alguém maior do que nós, seja em autoridade ou idade, nos vestiríamos bem, vigiaríamos nosso comportamento e prepararíamos nosso coração. Se fôssemos dar um presente a essa pessoa, prepararíamos um presente impecável com o máximo de cautela. Agora, Deus é o Criador de todas as coisas do universo e é digno de glória e louvor de Sua criação. Se é para O adorarmos em espírito e em verdade, jamais poderíamos ser impertinentes diante Dele. Devemos olhar para dentro de nós e examinar se temos ou não sido impertinentes, assegurando-nos de que participamos dos cultos de adoração com todo o nosso corpo, coração, vontade e cuidado.

1) Não podemos chegar atrasados aos cultos.

Como a adoração é uma cerimônia na qual reconhecemos a autoridade espiritual do Deus invisível, reconhecê-Lo-emos de coração só quando aderirmos às regras e preceitos que Ele estabeleceu. Portanto, é impertinente chegar atrasado a cultos, independente da razão.

Como o tempo do culto é um momento que fazemos o voto de nos oferecermos a Deus, devemos chegar antes de o culto começar, nos aplicar em oração e preparar o coração. Se fôssemos nos encontrar com um rei, presidente, ou primeiro ministro, sem dúvidas chegaríamos antes e esperaríamos com nossos corações preparados. Como então podemos chegar atrasados ou apressados para nos encontrarmos com Deus, que é incomparavelmente maior e mais majestoso?

2) Devemos prestar total atenção à pregação.

O pastor é um ministro que foi ungido por Deus, sendo equivalente a um sacerdote nos tempos do Velho Testamento. O pastor, que foi estabelecido para proclamar a Palavra de um sagrado altar, é um guia que conduz rebanhos de ovelhas ao Céu. Sendo assim, Deus considera como ato de impertinência ou desobediência para com o pastor como um ato de impertinência ou desobediência para com o próprio Deus.

Em Êxodo 16:8, vemos que, quando o povo de Israel murmurou e se opôs a Moisés, eles o fizeram, na verdade, contra o próprio Deus. Em 1 Samuel 8:4-9, quando o povo desobedeceu ao Profeta Samuel, Deus considerou aquilo como um ato de desobediência contra Ele mesmo. Portanto, se você fala com a pessoa sentada ao seu lado ou se sua mente se enche de outros pensamentos, enquanto o pastor está proclamando a mensagem em nome de Deus, você está sendo impertinente diante de Deus.

Cochilar ou dormir durante os cultos também é um ato de impertinência. Você pode imaginar como seria falta de educação se um secretário ou ministro dormisse durante uma reunião com o presidente? Da mesma forma, cochilar ou dormir em um santuário, que é o corpo do nosso Senhor, é um ato de impertinência diante de Deus, do pastor e dos nossos irmãos e irmãs na fé.

Também é inaceitável adorar com um espírito triste. Deus não aceita adoração sem gratidão e alegria. Portanto, devemos participar dos cultos de adoração com uma ansiedade positiva pela mensagem, gerada da esperança pelo Céu, e com um coração grato pela graça da salvação e amor. É impertinente sacudir ou conversar com alguém que está orando a Deus. Assim como você não interrompe uma conversa entre o próximo e alguém acima dele, é impertinente interromper a conversa de alguém com Deus.

3) Álcool e tabaco não devem ser usados antes de ir aos cultos de adoração.

Deus não considerará pecado a incapacidade do recém-convertido parar de beber ou fumar por causa de sua fraca fé. Todavia, se a pessoa, que já foi batizada e tem alguma posição na igreja, continua bebendo e fumando, isso é um ato de impertinência diante de Deus.

Até mesmo não-crentes acham inapropriado e errado ir à igreja intoxicado ou logo depois de fumar. Quando uma pessoa considera os muitos problemas e pecados que vêm da bebida e do cigarro, ela consegue discernir pela verdade como deve se conduzir como filho de Deus.

Fumar causa diversos tipos de câncer e é, portanto, prejudicial ao corpo; enquanto beber, que pode levar à intoxicação, pode ser fonte de comportamentos inadequados. Como pode um crente, que fuma e bebe, servir de exemplo como um filho de Deus, quando suas atitudes não O honram? Logo, se você tem uma fé verdadeira, você deve rapidamente se livrar dessas coisas. Se você é um iniciante na fé, faça todo esforço possível para se livrar de hábitos passados e ser adequado diante de Deus.

4) Não devemos nos distrair ou embaçar o ambiente do culto de adoração.

O santuário é um lugar sagrado, separado para adoração e louvor a Deus. Se pais deixam que seus filhos chorem, façam barulho e corram, as crianças vão impedir que outros membros adorem de todo o coração. Isso é um ato de impertinência diante de Deus.

É também desrespeitoso ficar chateado, nervoso, ou conversar sobre negócios ou entretenimentos do mundo no santuário. Mascar chicletes, falar alto com as pessoas que estão perto de você, ou levantar e caminhar no santuário no meio do culto é também demonstrar falta de respeito. Usar chapéus, camisetas, roupas de ginástica ou chinelos num culto de adoração é desviar das boas maneiras. A aparência exterior não é importante, mas a atitude interior no coração da pessoa geralmente reflete em suas atitudes externas. O cuidado com o qual a pessoa se prepara para o culto é demonstrado em suas vestes e aparência.

Ter o entendimento correto de Deus e do que ele deseja nos permitirá oferecer a Ele cultos espirituais de adoração, os quais Ele aceita. Quando adoramos a Deus da forma que Lhe agrada – quando O adoramos em espírito e em verdade, Ele nos dá o poder do entendimento, para que possamos gravar esse entendimento no fundo do nosso coração, produzir frutos abundantes e desfrutar de bênçãos e graças maravilhosas que Ele derrama sobre nós.

4. Uma Vida Marcada pela Adoração em Espírito e em Verdade

Quando adoramos a Deus em espírito e em verdade, nossas vidas são renovadas. Deus quer que a vida de cada pessoa seja completamente marcada pela adoração em espírito e em verdade. Como podemos nos conduzir, a fim de oferecer a Deus cultos espirituais de adoração que Ele aceita alegremente?

1) Devemos nos regozijar sempre.

A verdadeira alegria não vem só de razões para ficarmos alegres, mas mesmo quando estamos enfrentando questões difíceis. O próprio Jesus Cristo, a quem aceitamos como nosso Salvador, é uma razão para nos regozijarmos sempre, pois Ele tomou sobre si todas as nossas maldições.

Quando estávamos indo pelo caminho da destruição, Ele nos redimiu do pecado, derramando o Seu sangue. Ele levou sobre Si nossa pobreza e doenças, e afrouxou os laços da maldade das lágrimas, dor, sofrimento e morte. Além disso, Ele destruiu a autoridade da morte e ressuscitou, dando-nos assim a esperança da ressurreição e nos permitindo possuir uma vida de verdade no lindo Céu.

Se tivermos Jesus Cristo pela fé como nossa fonte de alegria, não nos restará outra coisa senão nos alegrarmos. Uma vez que temos a linda esperança no pós-vida e receberemos uma felicidade eterna, mesmo que não tenhamos o que comer ou estejamos amarrados por problemas na família, ou mesmo que estejamos rodeados por aflições e perseguições, a realidade nos será irrelevante. Desde que o nosso coração cheio de amor a Deus não se balance e a nossa esperança pelo Céu não seja abalada, a alegria nunca desaparecerá. Assim, quando nossos corações estiverem cheios da graça de Deus e de esperança pelo Céu, a alegria jorrará a todo momento, fazendo com que as dificuldades se transformem rapidamente em bênçãos.

2) Devemos orar sem cessar.

"Orar sem cessar" tem três significados. Primeiro, é orar habitualmente. Até Jesus, durante o Seu ministério, buscou lugares tranquilos nos quais Ele pudesse orar seguindo "Seu costume". Daniel orava três vezes por dia regularmente e Pedro e outros discípulos também separavam um tempo para orar. Devemos também orar habitualmente para acumular orações e nos assegurar de que o óleo do Espírito Santo nunca se acabe. Só assim podemos entender a Palavra de Deus nos cultos de adoração e receber a força para viver pela Palavra.

Depois, "orar sem cessar" é orar em horas que não são pré-estabelecidas na agenda. Há momentos em que o Espírito Santo nos leva a orar mesmo fora das horas que oramos habitualmente. Frequentemente ouvimos testemunhos de pessoas que evitaram dificuldades ou foram protegidas e guardadas de acidentes, quando obedeceram em oração.

Por último, "orar sem cessar" é meditar na Palavra de Deus dia e noite. Independente do lugar, da pessoa com quem está, ou do que a pessoa está fazendo, a verdade em seu coração deve estar viva e fazendo a obra ativamente.

Orar é como a respiração para o nosso espírito. Assim como a carne morre quando a respiração para, parar de orar nos levará ao enfraquecimento e à eventual morte do nosso espírito. Pode-se dizer que a pessoa "ora sem cessar", quando não só clama em oração em horas específicas, mas também quando medita na Palavra dia e noite e vive de acordo com ela. Quando a Palavra de

Deus faz morada em seu coração e você leva uma vida em comunhão com o Espírito Santo, todo aspecto de sua vida prospera e você é clara e intimamente guiada pelo Espírito Santo.

Assim como a Bíblia nos diz para "buscarmos em primeiro lugar o Reino de Deus e sua justiça", quando oramos pelo reino de Deus – Sua providência e a salvação das almas, – em vez de orarmos para nós mesmos, Deus nos abençoa ainda mais abundantemente. Contudo, há pessoas que oram quando estão em dificuldades ou quando sentem alguma coisa faltando, mas param de orar quando estão em paz. Há outras que oram diligentemente quando estão cheias do Espírito Santo, mas param de orar quando perdem a plenitude.

Todavia, devemos sempre reunir forças em nossos corações e exalar a Deus a fragrância da oração com a qual Ele Se alegra. Creio que você consegue imaginar o quanto é atormentador e difícil tentar arrancar palavras contra a vontade de alguém e tentar meramente preencher o tempo em oração, enquanto se luta contra a sonolência ou pensamentos vagos. Assim, se o crente se considera como alguém que tem certo nível de fé e ainda assim tem essas dificuldades e o sentimento de que é um fardo falar com Deus, será que ele não deveria ter vergonha de declarar o seu "amor" a Deus? Se você sente como se sua oração estivesse espiritualmente estagnada e chata, examine a si mesmo e veja o quanto você tem se alegrado e sido grato.

É certo que, quando o coração de uma pessoa está sempre cheio de alegria e gratidão, a oração será na plenitude do Espírito Santo e não será estagnada, mas penetrará profundidades ainda maiores. A pessoa não terá a sensação de que é incapaz de orar. Na verdade, quanto mais difícil, mais sede pela graça de Deus ela terá, a qual a levará a clamar com ainda mais intensidade e fará a sua fé crescer cada vez mais.

Quando clamamos em oração, do fundo do nosso coração, sem cessar, produzimos abundantes frutos de oração. Por mais que provações surjam nos nossos caminhos, manteremos momentos de oração e, à medida que clamamos em oração, mais nosso amor e fé espirituais crescem e mais compartilhamos graça com os outros. Portanto, é imperativo que oremos sem cessar com alegria e gratidão, para que recebamos respostas de Deus na forma de grandes frutos espirituais e naturais.

3) Devemos dar graças em tudo.

Que razões você tem para ser grato? Sobre todas as coisas, há o fato de que nós, que estávamos destinados à morte, termos sido salvos e podermos ir para o Céu. O fato de que recebemos tudo, incluindo nosso pão diário e boa saúde, são razões suficientes para darmos graças. Além do mais, podemos ser gratos, apesar das aflições e tribulações, pois cremos no Deus Todo Poderoso.

Deus conhece cada uma das nossas circunstâncias e situações, e ouve todas as nossas orações. Quando confiamos em Deus até o fim, em meio às tribulações, Ele nos guia de forma a fazer com que saiamos das dificuldades pessoais. Quando somos afligidos em nome do nosso Senhor ou mesmo quando enfrentamos tribulações por causa de nossos próprios erros ou falhas, se realmente confiarmos em Deus, então veremos que a única coisa que podemos fazer é dar graças. Quando passamos pela falta de alguma coisa, é para sermos ainda mais gratos pelo poder de Deus, que nos fortalece e aperfeiçoa na fraqueza. Mesmo quando a realidade que enfrentamos só fica difícil de suportar, temos de conseguir dar graças por causa da nossa fé em Deus. Quando damos graças pela fé até o fim, todas as coisas cooperam para o nosso bem e, no fim, se transformam em bênçãos.

Regozijar sempre, orar sem cessar e dar graças em todas as coisas são o parâmetro com o qual medimos o quanto de fruto temos produzido no espírito e no físico nas nossas vidas na fé. Quanto mais a pessoa se esforça para regozijar-se, independente das situações, planta sementes de alegria e dá graças do fundo de seu coração ao procurar razões para ser grata, mais frutos de alegria e gratidão ela produz. É o mesmo com a oração; quanto mais esforço fizermos na oração, maior a força e respostas que colheremos como fruto.

Portanto, oferecendo a Deus cultos espirituais diários de adoração que Ele deseja e com os quais Ele se alegra por meio de uma vida em que você se regozija sempre, ora sem cessar e dá graças (1 Tessalonicenses 5:16-18), espero que você produza abundantes frutos espirituais e físicos.

Capítulo 2

Ofertas do Velho Testamento Segundo Levítico

"Da Tenda do Encontro o Senhor chamou Moisés e lhe ordenou:
"Diga o seguinte aos israelitas: Quando alguém trouxer um
animal como oferta ao Senhor , que seja do gado
ou do rebanho de ovelhas."

Levítico 1:1-2

1. A Importância de Levítico

Geralmente se fala que Apocalipse no Novo Testamento e Levítico no Velho Testamento são os livros mais difíceis de se entender da Bíblia. Por essa razão, quando leem a Bíblia, algumas pessoas pulam esses livros, enquanto outras acham que as leis sobre as ofertas dos tempos do Velho Testamento não são mais relevantes para nós hoje. Entretanto, se essas partes da Bíblia nos fossem irrelevantes, não teria por que Deus tê-las registrado na Bíblia. Uma vez que cada palavra do Novo e do Velho Testamento é necessária para nossas vidas em Cristo, Deus permitiu que tais livros estivessem na Bíblia (Mateus 5:17-19).

As leis sobre as ofertas dos tempos do Velho Testamento não são para ser descartadas no tempo do Novo. Assim como é com toda a Lei, as leis sobre as ofertas no Velho Testamento também foram cumpridas por Jesus no Novo. As implicações dos significados das leis sobre as ofertas no Velho Testamento estão permeadas em cada passo da adoração moderna no santuário de Deus, e as ofertas do Velho Testamento são equivalentes ao procedimento que temos nos cultos de adoração hoje. Uma vez que entendemos claramente as leis sobre as ofertas nos tempos do Velho Testamento e seus significados, podemos tomar um atalho para bênçãos onde encontramos Deus e temos experiências com Ele, compreendendo corretamente como adorá-Lo e servir a Ele.

Levítico é uma parte da Palavra de Deus que se aplica a todos os que creem Nele hoje. Isso é porque, como vemos em 2 Pedro 2:5: "Ele não poupou o mundo antigo quando trouxe o Dilúvio sobre aquele povo ímpio, mas preservou Noé, pregador da justiça, e mais sete pessoas", qualquer que recebeu a salvação por meio de Jesus Cristo pode ir para diante de Deus, assim como os sacerdotes nos tempos do Velho Testamento faziam.

Levítico é dividido em duas partes. A primeira parte foca como nossos pecados são perdoados. É basicamente composto de leis sobre sacrifícios para o perdão de pecados. Também descreve as qualificações e responsabilidades dos sacerdotes encarregados das ofertas entre Deus e o povo. A segunda parte registra detalhadamente os pecados que o povo escolhido de Deus, Seu povo santo, nunca deve cometer. Em suma, todo crente deve aprender a vontade de Deus contida em Levítico, que enfatiza como manter sagrada sua relação com Deus.

As leis sobre sacrifícios em Levítico explicam a metodologia de como devemos adorar. Assim como conhecemos Deus e recebemos Suas respostas e bênçãos por meio de cultos de adoração, as pessoas nos tempos do Velho Testamento recebiam perdão de pecados e experimentavam obras de Deus por meio de sacrifícios. Depois de Jesus Cristo, todavia, o Espírito Santo fez morada em nós e nos foi permitido ter comunhão com Deus quando O adoramos em espírito e em verdade, em meio às obras do Espírito Santo.

Hebreus 10:1 diz: "A Lei traz apenas uma sombra dos benefícios que hão de vir, e não a sua realidade. Por isso ela nunca consegue, mediante os mesmos sacrifícios repetidos ano após ano, aperfeiçoar os que se aproximam para adorar." Se há uma forma, então há uma sombra daquela forma. Hoje, a "forma" é o fato de podermos adorar através de Jesus Cristo, e nos tempos do Velho Testamento, as pessoas mantinham seu relacionamento com Deus por meio de sacrifícios, que eram a sombra.

Ofertas a Deus devem ser apresentadas de acordo com as regras que Ele deseja; Deus não aceita adoração oferecida por uma pessoa que a faz segundo bem entende. Em Gênesis 4, vemos que, enquanto Deus aceitou as ofertas de Abel, que seguiu a vontade de Deus, Ele não aceitou as ofertas de Caim, que achou seu próprio jeito de ofertar.

Da mesma maneira, há adoração com a qual Deus Se alegra e adoração que desvia das Suas regras e, portanto, é irrelevante para Ele. Encontradas nas leis sobre ofertas em Levítico, estão informações práticas sobre o tipo de adoração através do qual podemos receber respostas e bênçãos de Deus e o que Lhe agrada.

2. Deus Chamou Moisés da Tenda do Encontro

Levítico 1:1 diz: "Da Tenda do Encontro o Senhor chamou Moisés e lhe ordenou..." A tenda do encontro é um santuário móvel que facilitava deslocamentos rápidos do povo de Israel vivendo no deserto e onde Deus chamou Moisés. Ela se refere ao tabernáculo, que consistia do Santuário e do Santo dos Santos (Êxodo 30:18, 30:20, 39:32, e 40:2). Também podem se referir coletivamente ao tabernáculo as suas armações, travessões, colunas e bases (Números 4:31, 8:24).

Depois do Êxodo, em sua jornada para a terra de Canaã, o povo de Israel passou um longo tempo no deserto e teve de ir de um lugar para outro constantemente. Por essa razão, o templo onde as ofertas eram apresentadas a Deus não poderia ser construído de forma fixa, mas era um tabernáculo que podia ser facilmente montado e desmontado. Por essa razão, a estrutura também é chamada de "templo do tabernáculo".

Em Êxodo 35-39 estão detalhes específicos sobre a construção do tabernáculo. O próprio Deus deu os detalhes de sua estrutura e materiais a serem utilizados por Moisés. Quando Moisés falou à congregação sobre os materiais necessários à construção do tabernáculo, eles alegremente levaram tudo o que era de ouro, prata, bronze; diversos tipos de pedras, materiais azuis, roxos e escarlate, e linho fino; além de pelos de cabra, peles de carneiro e de boto. Moisés teve que pedir-lhes para pararem de levar os materiais, de tanto que eles levaram (Êxodo 36:5-7).

O tabernáculo foi, pois, construído com presentes oferecidos voluntariamente pela congregação. Para os israelitas, que estavam indo para Canaã, depois de saírem do Egito como se estivessem fugindo de lá, os custos da construção do tabernáculo não poderiam ter sido pequenos. Eles não tinham casa ou terra. Não podiam acumular riquezas com agricultura. Entretanto, já contando com a promessa de Deus, que dissera que estaria com eles, desde que um lugar Lhe fosse preparado, o povo de Israel não poupou custos ou esforços e fez tudo com muita alegria.

Para o povo de Israel, que há muito vinha sendo explorado com trabalho pesado, a coisa que mais queria era ser liberto da escravidão. Assim, depois de tirá-los do Egito, Deus ordenou a construção do tabernáculo para habitar no meio deles. O povo de Israel não tinha razão para atrasos, e o tabernáculo passou a existir como alicerce para aquele povo, que o construíra com devoção e alegria.

Assim que se entra no tabernáculo fica o 'Santuário' e, ao passar pelo Santuário, chega-se ao 'Santo dos Santos'. Este é o mais santo lugar. O Santo dos Santos abriga a Arca do Testemunho (a Arca da Aliança). O fato de a Arca do Testemunho, que contém a Palavra de Deus, ficar no Santo dos Santos serve como lembrete da presença de Deus. Enquanto o templo como um todo é um lugar sagrado, sendo a casa de Deus, o Santo dos Santos é um lugar separado especialmente e considerado como o mais santo de todos os lugares. Até mesmo o sumo sacerdote tinha a permissão para entrar no Santo dos Santos só uma vez por ano, e era na ocasião em que apresentava uma oferta pelos pecados do povo diante de Deus. Pessoas ordinárias eram proibidas de entrar lá, pois pecadores nunca podem ir para diante de Deus.

Todavia, por meio de Jesus Cristo, todos nós ganhamos o privilégio de poder ir diante de Deus. Em Mateus 27:50-51, lemos: "Depois de ter bradado novamente em alta voz, Jesus entregou o espírito. Naquele momento, o véu do santuário rasgou-se em duas partes, de alto a baixo. A terra tremeu, e as rochas se partiram." Quando Jesus ofereceu a Si mesmo através da morte na cruz para nos redimir do pecado, o véu que separava o Santo Lugar do Santo dos Santos se rasgou.

Sobre isso, Hebreus 10:19-20 elabora: "Portanto, irmãos, temos plena confiança para entrar no Lugar Santíssimo pelo sangue de Jesus, por um novo e vivo caminho que ele nos abriu por meio do véu, isto é, do seu corpo." O véu ter-se rasgado, quando Jesus sacrificou Seu corpo, significa a destruição do muro do pecado entre nós e Deus. Agora, todo o que crê em Jesus Cristo pode receber o perdão de pecados e entrar pelo caminho que foi pavimentado diante do Santo Deus. Enquanto somente sacerdotes podiam ir ter diante de Deus no passado, hoje podemos ter uma comunhão direta e íntima com Ele.

3. O Significado Espiritual da Tenda do Encontro

Que significado tem a tenda do encontro para nós hoje? A tenda do encontro é a igreja, onde crentes adoram hoje. O Santuário é o corpo de crentes que aceitaram o Senhor, e o Santo dos Santos é o nosso coração, onde habita o Espírito Santo. 1 Coríntios 6:19 nos lembra: "Acaso não sabem que o corpo de vocês é santuário do Espírito Santo, que habita em vocês, que lhes foi dado por Deus, e que vocês não são de vocês mesmos?" Depois que aceitamos Jesus como nosso Salvador, o Espírito Santo nos foi dado como um dom de Deus. Uma vez que o Espírito Santo habita em nós, nosso coração e corpo são um templo santo.

Também encontramos em 1 Coríntios 3:16-17: "Vocês não sabem que são santuário de Deus e que o Espírito de Deus habita em vocês? Se alguém destruir o santuário de Deus, Deus o destruirá, pois o santuário de Deus, que são vocês, é sagrado." Assim como devemos manter o templo visível de Deus limpo e santo o tempo todo, também devemos manter o nosso corpo e coração limpos e santos a todo o tempo, sendo eles moradia do Espírito Santo.

Lemos que Deus destruirá todo aquele que destruir o templo de Deus. Se a pessoa é filha de Deus e aceitou o Espírito Santo, mas continua a destruir a si mesma, o Espírito Santo se apagará e não haverá salvação para essa pessoa. Só quando mantemos santo o templo, onde o Espírito Santo habita, por meio da nossa conduta e corações, é que podemos alcançar a salvação completa e ter uma comunhão íntima e direta com Deus.

Portanto, o fato de Deus ter chamado Moisés da tenda do encontro significa que o Espírito Santo está nos chamando de dentro de nós, e está buscando comunhão conosco. É natural que os filhos de Deus, que receberam a salvação, tenham comunhão com o Pai. Eles devem orar por meio do Espírito Santo e adorar em espírito e em verdade, em íntima comunhão com Deus.

As pessoas nos tempos do Velho Testamento não podiam ter comunhão com o Santo Deus por causa do seu pecado. Só o sumo sacerdote podia entrar no Santo dos Santos no tabernáculo e apresentar ofertas a Deus em nome do povo. Hoje, qualquer filho de Deus pode entrar no Santuário para adorar, orar e ter comunhão com Deus. Isso é porque Jesus Cristo nos redimiu de todos os pecados.

Quando aceitamos Jesus Cristo, o Espírito Santo habita no nosso coração e o considera como o Santo dos Santos. Além do mais, assim como Deus chamou Moisés da tenda do encontro, o Espírito Santo nos chama das profundezas do nosso coração e deseja ter comunhão conosco. Permitindo que ouçamos a voz do Espírito Santo e recebamos Sua direção, o Espírito Santo nos leva a viver na verdade e a entender Deus. A fim de ouvirmos a voz do Espírito Santo, devemos nos livrar do pecado e da maldade do nosso coração e nos santificarmos. Quando alcançamos a santificação, somos capazes de ouvir a voz do Espírito Santo claramente e bênçãos passam a nos ser abundantes no mundo físico e espiritual.

4. A Forma da Tenda do Encontro

A forma da tenda do encontro é muito simples. A pessoa passa pelo portão, cuja largura é aproximadamente de 9 metros, no lado leste do tabernáculo. Ao entrar no pátio do tabernáculo, a pessoa se depara primeiro com o Altar das Ofertas Queimadas, feito de bronze. Entre esse altar e o Santuário fica uma pia ou bacia, e depois existem o Santuário e o Santo dos Santos, o qual é o centro da tenda do encontro.

As dimensões do tabernáculo, composto do Santuário e do Santo dos Santos, são quatro metros e meio de largura, treze e meio metros de comprimento e quatro metros e meio de altura. A construção fica sobre uma fundação feita de prata, com suas paredes consistindo de postes de acácia cobertos de ouro, e seu telhado é coberto com quatro camadas de cortinas. Querubins são tecidos na primeira; a segunda é feita de pelo de cabra; a terceira é feita de peles de carneiro e a quarta é feita de pele de

Estrutura da Tenda do Encontro

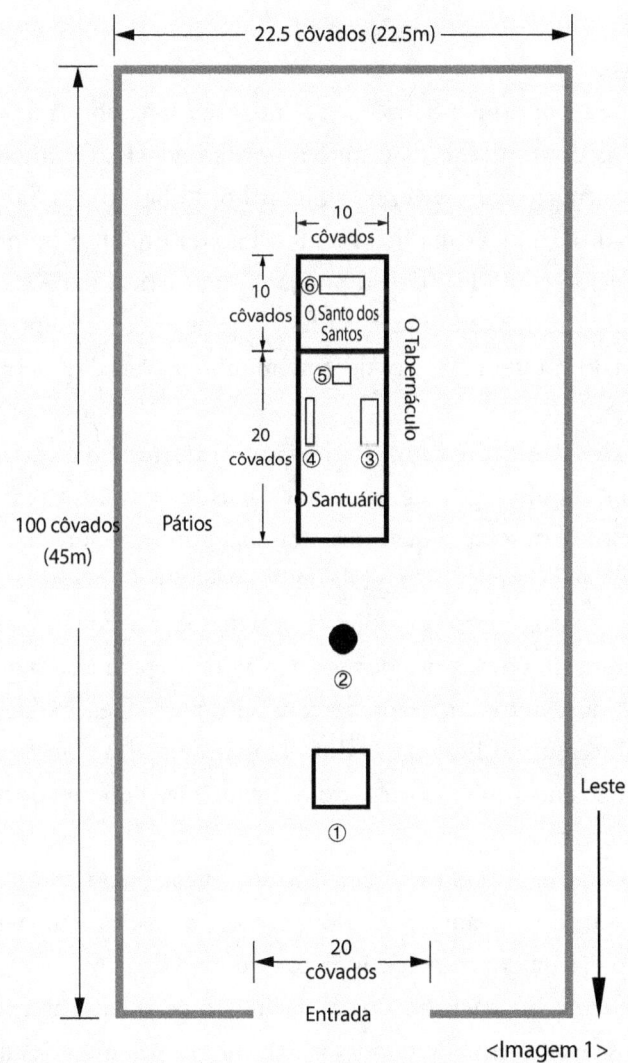

<Imagem 1>

Dimensões
Pátios: 100 x 50 x 5 côvados
Entrada: 20 x 5 côvados
Tabernáculo: 30 x 10 x 10 côvados
Santuário: 20 x 10 x 10 côvados
Santo dos Santos: 10 x 10 x 10 côvados
(* 1 côvado = aproximadamente 44,5 centímetros)

Utensílios
1) O Altar do Holocausto
2) A Bacia
3) A Mesa dos Pães da Proposição
4) O Castiçal de Puro Ouro
5) O Altar do Incenso
6) A Arca do Testemunho (A Arca da Aliança)

texugo.

O Santuário e o Santo dos Santos são separados por uma cortina com querubins também bordados nela. O tamanho do Santuário é duas vezes o tamanho do Santo dos Santos. No Santuário há uma mesa para o Pão da Presença (também conhecido como Pão da Proposição), um castiçal e o Altar do Incenso. Todos esses itens são feitos de puro ouro. Dentro do Santo dos Santos há a Arca do Testemunho (a Arca da Aliança).

Vamos resumir tudo. Primeiro, o interior do Santo dos Santos era um lugar sagrado onde Deus habitava, e a Arca do Testemunho, sobre a qual fica a tampa, também estava em seu lugar. Uma vez por ano, no Dia da Propiciação, o sumo sacerdote no Santo dos Santos e salpicava sangue sobre a tampa da arca em nome do povo, a fim de ter a expiação dos pecados. Tudo no Santo dos Santos era decorado com ouro puro. Dentro da Arca do Testemunho ficavam as duas tábuas de pedra com os Dez Mandamentos, um vaso de ouro contendo maná e a vara de Arão que florescera.

O Santuário era onde o sacerdote entrava para apresentar ofertas e nele ficavam o Altar do Incenso, um castiçal e uma mesa para o Pão da Presença, todos feitos de ouro puro.

Em terceiro, havia uma bacia de bronze. Nela havia água para que os sacerdotes pudessem lavar suas mãos e pés antes de entrar no Santuário ou, no caso dos sumo sacerdotes, antes de entrarem no Santo dos Santos.

Quarto, o Altar das Ofertas Queimadas era feito de bronze

Imagem

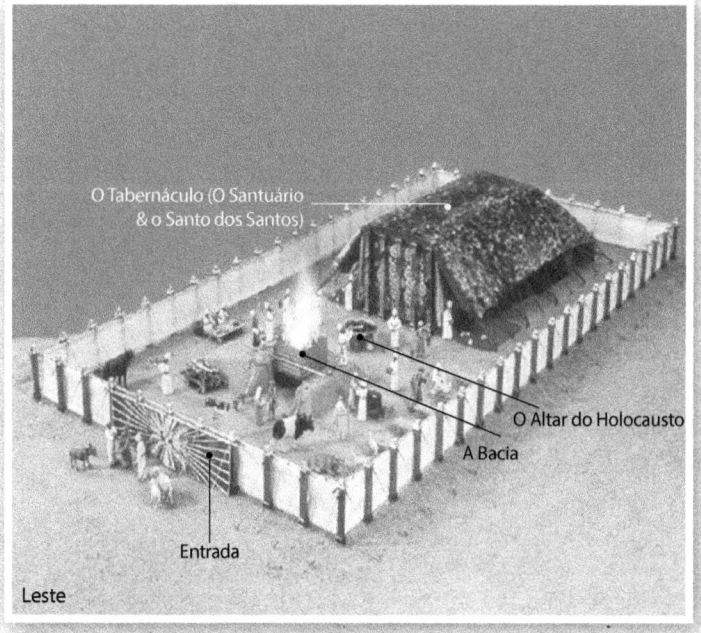

<Imagem 2>

Visão Panorâmica da Tenda do Encontro

Nos pátios estão o altar do holocausto (Êxodo 30:28), uma bacia (Êxodo 30:18), e o Tabernáculo (Êxodo 26:1, 36:8), e pendurado sobre os pátios, há linho fino retorcido. Há somente uma entrada para o leste do Tabernáculo (Êxodo 27:13-16), e ela simboliza Jesus Cristo, a única porta para a salvação.

Imagem

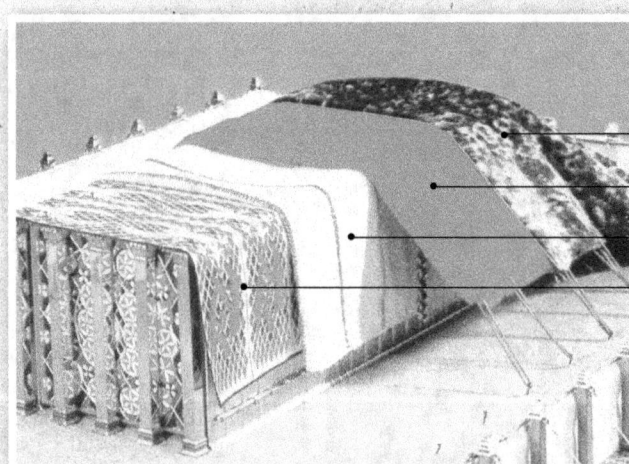

<Imagem 3>

Cobertura do Tabernáculo

Quatro camadas ficam sobre o Tabernáculo.
As de baixo são cortinas com querubins bordados; depois vêm as de pelo de cabra; depois vêm as de pele de carneiro; depois vêm as de pele de texugo. As coberturas na Imagem 3 estão expondo todas as camadas. Sem a cobertura, veem-se os ganchos para o Santuário, em frente ao Santuário e, atrás deles, o altar do incenso e os ganchos para o Santo dos Santos.

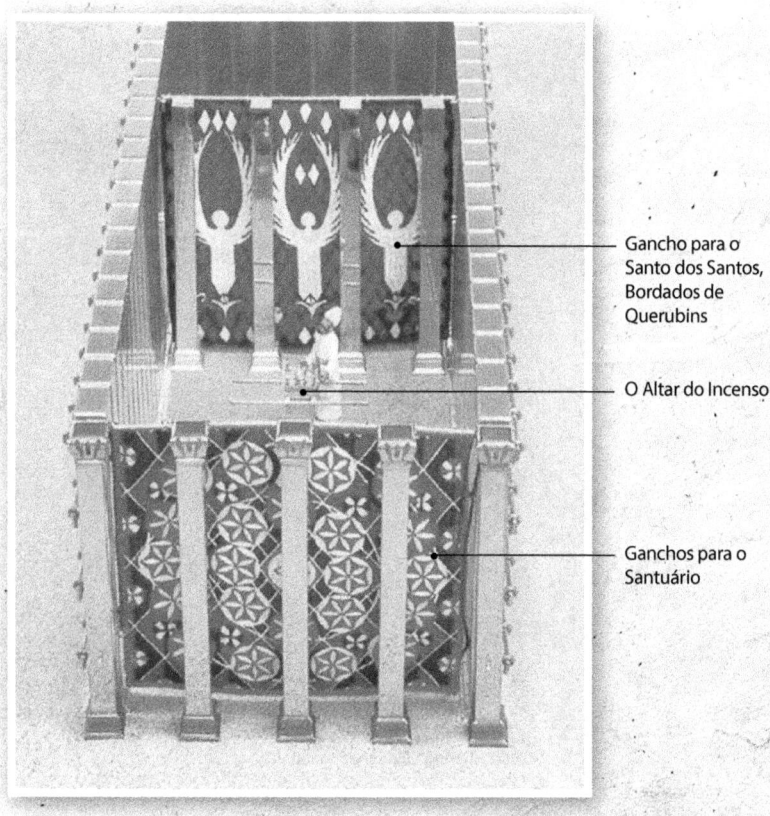

Gancho para o Santo dos Santos, Bordados de Querubins

O Altar do Incenso

Ganchos para o Santuário

<Imagem 4>

O Santuário Visto sem a Cobertura

Na frente, ficam os ganchos para o Santuário e, visivelmente atrás deles, ficam o altar do incenso e os ganchos para o Santo dos Santos.

Imagem

<Imagem 5>

O Interior do Tabernáculo

No centro do Santuário ficam o castiçal de puro ouro (Êxodo 25:31), a mesa dos pães da presença (Êxodo 25:30) e, no fundo, fica o altar do incenso (Êxodo 30:27).

O Altar do Incenso

A Mesa dos Pães da Proposição

O Castiçal

Imagem

<Imagem 9>

Dentro do Santo dos Santos

A parede traseira do Santuário foi removida, a fim de que o interior do Santo dos Santos seja visto. Visíveis estão a Arca do Testemunho, o assento da misericórdia (propiciatório), e os ganchos do Santo dos Santos. Uma vez por ano, o sumo sacerdote, vestido de branco, entra no Santo dos Santos e asperge o sangue da oferta por pecado.

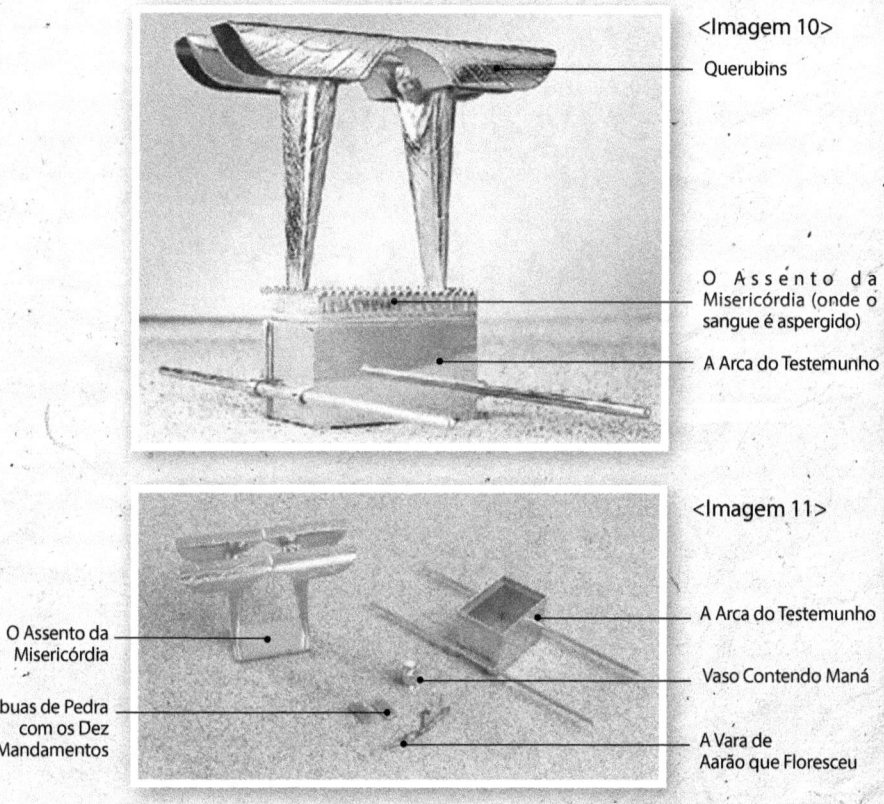

\<Imagem 10\>
- Querubins
- O Assento da Misericórdia (onde o sangue é aspergido)
- A Arca do Testemunho

\<Imagem 11\>
- O Assento da Misericórdia
- Tábuas de Pedra com os Dez Mandamentos
- A Arca do Testemunho
- Vaso Contendo Maná
- A Vara de Aarão que Floresceu

A Arca do Testemunho e o Assento da Misericórdia

Dentro do Santo dos Santos fica a Arca do Testemunho feita de puro ouro e, em cima da Arca, fica o assento da misericórdia. O assento da misericórdia se refere às coberturas da Arca do Testemunho (Êxodo 25:17-22), e o sangue é aspergido nele uma vez por ano. Nas duas pontas do assento da misericórdia ficam dois querubins com asas que o cobrem (Êxodo 25:18-20). Dentro da Arca do Testemunho ficam as tábuas de pedra, onde estão escritos os Dez Mandamentos; um vaso contendo maná; e a vara de Aarão que floresceu.

Imagem

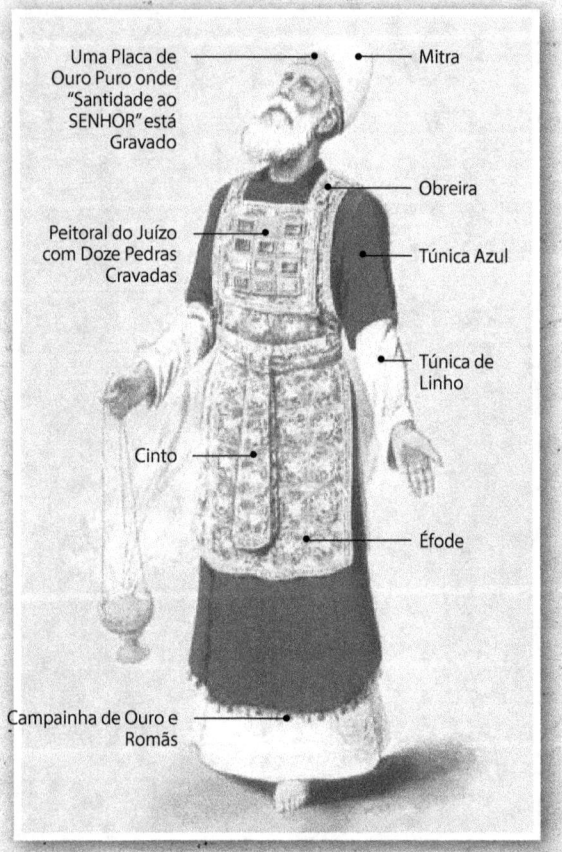

<Imagem 12>

As Vestes do Sumo Sacerdote

O sumo sacerdote era responsável pela manutenção do Templo e a supervisão dos serviços de ofertas. Além disso, uma vez por ano, ele entrava no Santo dos Santos para fazer uma oferta a Deus. Qualquer que sucedesse o posto de sumo sacerdote tinha de ter em sua posse a Urim e a Tumim. Essas duas pedras, que eram usadas para saber a vontade de Deus, eram colocadas no peitoral em cima da éfode. A "Urim" significa luz e a "Tumim" significa perfeição.

e era forte o suficiente para suportar fogo. O fogo no altar "saiu da presença do SENHOR" quando o tabernáculo ficou pronto (Levítico 9:24). Deus também ordenou que aquele fogo fosse mantido queimando continuamente no altar, que nunca se apagasse, e todos os dias dois cordeiros de um ano de idade eram oferecidos ali (Êxodo 29:38-43; Levítico 6:12-13).

5. O Significado Espiritual das Ofertas com Gado e Ovelhas

Em Levítico 1:2, Deus disse a Moisés: "Diga o seguinte aos israelitas: Quando alguém trouxer um animal como oferta ao Senhor, que seja do gado ou do rebanho de ovelhas." Durante os cultos de adoração, os filhos de Deus dão diversas ofertas a Ele. Além do dízimo, existem ofertas como de graças, construção ou alívio. Contudo, Deus ordena que todo o que for apresentar-Lhe uma oferta, ela deve ser "do gado ou do rebanho de ovelhas". Como esse versículo carrega um significado espiritual, não podemos fazer o que ele ordena literalmente, mas devemos primeiro entender o sentido espiritual dele para então agirmos segundo a vontade de Deus.

Qual é o significado espiritual de oferecer gado ou ovelhas? Significa que devemos adorar a Deus em espírito e em verdade e oferecer a nós mesmos como sacrifício vivo e santo. É o "culto espiritual de adoração"(Romanos 12:1). Devemos sempre estar alertas em oração e nos comportar de forma sagrada diante de Deus, não somente nos cultos, mas também em nosso dia a dia.

Então, nossa adoração e nossas ofertas serão dadas a Deus como sacrifício vivo e santo que Ele considera como culto espiritual de adoração.

Por que Deus ordenou que os israelitas Lhe oferecessem de seu gado e rebanho de ovelhas, dentre tantos outros animais? Gado e ovelhas, dentre os outros animais, são os que mais representam Jesus, que Se tornou oferta de paz pela salvação da humanidade. Exploremos, pois, as semelhanças entre 'bois' e Jesus.

1) Bois levam os fardos dos homens.

Assim como bois carregam os fardos dos homens, Jesus tomou sobre Si o nosso fardo do pecado. Em Mateus 11:28, Ele nos diz: "Venham a mim, todos os que estão cansados e sobrecarregados, e eu darei descanso a vocês." As pessoas fazem de tudo para ter honra, riqueza, conhecimento, fama, prestígio, poder e qualquer outra coisa que poderiam desejar. Além de todos os fardos que o homem carrega, ele também carrega o fardo do pecado e vive em meio a tribulações, aflições e tormentas.

Jesus tomou os fardos da vida ao Se tornar uma oferta, derramando o seu sangue de redenção e sendo crucificado numa cruz de madeira. Pela fé no Senhor, o homem pode descarregar todos os seus problemas e fardos do pecado e desfrutar de paz e descanso.

2) Bois não causam problemas aos homens; mas só lhes trazem benefícios.

Bois e vacas não apenas trabalham em obediência ao homem,

mas também lhe dão leite, carne e couro. Da cabeça ao casco, nenhuma parte de um boi é inútil. Da mesma forma, Jesus só trouxe benefícios aos homens. Ao testemunhar o evangelho do Céu aos pobres, doentes e abandonados, Ele lhes deu esperança e conforto, afrouxando as correntes da maldade, e curou doenças e enfermidades. Mesmo sem conseguir dormir ou comer, Jesus fez tudo para ensinar a Palavra de Deus, nem que fosse para uma última alma. Oferecendo Sua vida e sendo crucificado, Jesus abriu o caminho da salvação aos pecadores que estavam destinados ao Inferno.

3) Bois dão nutrição ao homem com sua carne.

Jesus deu aos homens a Sua carne e sangue para que eles pudessem fazer deles seu pão. Em João 6:53-54, Ele nos diz: "Eu digo a verdade: Se vocês não comerem a carne do Filho do homem e não beberem o seu sangue, não terão vida em si mesmos. Todo aquele que come a minha carne e bebe o meu sangue tem a vida eterna, e eu o ressuscitarei no último dia."

Jesus é a Palavra de Deus que veio a este mundo em carne. Portanto, comer da carne de Jesus e beber do Seu sangue é fazer da Palavra de Deus nosso pão e viver segundo ela. Assim como o homem só consegue sobreviver se comer e beber, podemos ter a vida eterna e entrar no Céu só se comermos e fazermos da Palavra de Deus o nosso pão.

4) Bois aram a terra e a transformam em solo fértil.

Jesus cultiva o coração do homem. Em Mateus 13 há uma parábola que compara o coração do homem com quatro tipos diferentes de solo: beira do caminho; rochoso; com espinhos; e o bom solo. Uma vez que Jesus nos redimiu de todos os nossos pecados, o Espírito Santo fez morada em nossos corações e nos dá forças. Nossos corações podem ser transformados em solo fértil, com a ajuda do Espírito Santo. Ao confiarmos no sangue de Jesus, por meio do qual somos perdoados de todos os pecados, e diligentemente obedecermos à verdade, nossos corações se transformam em solo rico, fértil e bom, fazendo com que consigamos receber bênçãos no espírito e no natural colhendo 30, 60 e 100 vezes mais do que foi plantado.

E quais são as semelhanças entre cordeiros e Jesus?

1) Cordeiros são mansos.

Quando falamos de pessoas mansas ou gentis, geralmente tendemos a compará-las à mansidão de um cordeiro. Jesus é a mais mansa de todas as pessoas. A Seu respeito, Isaías 42:3 diz: "Não quebrará o caniço rachado, e não apagará o pavio fumegante. Com fidelidade fará justiça." Mesmo com malfeitores e perversos, ou com aqueles que se arrependeram, mas pecaram depois repetidas vezes, Jesus é paciente até o fim e espera que mudem de atitude. Enquanto Jesus é o Filho de Deus, o Criador, e tem autoridade para destruir toda a humanidade, Ele permaneceu paciente conosco e nos mostrou o Seu amor, mesmo com malfeitores O crucificando.

2) O cordeiro é obediente.

O cordeiro segue em obediência a tudo aquilo que o pastor o direcionar para fazer e fica quieto, mesmo quando está sendo tosquiado. Como 2 Coríntios 1:19 diz: "pois o Filho de Deus, Jesus Cristo, pregado entre vocês por mim e também por Silvano e Timóteo, não foi "sim" e "não", mas nele sempre houve "sim"; Jesus não insistiu em Sua vontade, mas obedeceu a Deus até a morte. Durante Sua vida, Jesus só foi a lugares no tempo escolhido de Deus, e só fez o que Deus desejou que Ele fizesse. No fim, mesmo conhecendo muito bem a angústia da cruz, Ele suportou tudo com obediência, a fim de cumprir a vontade do Pai.

3) O Cordeiro é limpo.

Aqui, o cordeiro tem um ano de idade e ainda não acasalou (Êxodo 12:5). Um cordeiro nessa idade pode ser comparado a uma pessoa adorável e pura em sua juventude – ou ao irrepreensível e puro Jesus. Cordeiros também fornecem o pelo, a carne e o leite; eles nunca prejudicam o homem, mas só o beneficiam. Como mencionado anteriormente, Jesus ofereceu Sua carne e sangue, e nos entregou tudo o que era. Em completa obediência ao Deus Pai, Jesus cumpriu a vontade de Deus e destruiu o muro de pecado entre Deus e os pecadores. Até hoje Ele continuamente cultiva nossos corações, para que sejam solos puros e férteis.

Assim como o homem era redimido de seus pecados por meio

de gado e ovelhas nos tempos do Velho Testamento, Jesus Se ofereceu como um sacrifício na cruz e executou eterna redenção por meio de Seu sangue (Hebreus 9:12). Quando acreditamos nesse fato, devemos entender claramente como Jesus foi um sacrifício digno da aceitação de Deus, para que nós possamos sempre ser gratos pelo amor e graça de Jesus Cristo, e ter a sua vida como exemplo.

Capítulo 3

O Holocausto

"...E o sacerdote queimará tudo isso no altar. É um holocausto; oferta preparada no fogo, de aroma agradável ao Senhor."

Levítico 1:9

1. O Significado do Holocausto

A oferta queimada, ou holocausto, a primeira de todas as ofertas registradas em Levítico, é a mais antiga delas. A etimologia da expressão "oferta queimada" é "deixar que se erga". Uma oferta queimada é um sacrifício apresentado no altar e é completamente consumido por fogo. Simboliza o sacrifício total do homem, sua devoção e seu serviço voluntário. Agradando a Deus com o aroma suave do queimar do animal oferecido como sacrifício, o holocausto é o método mais comum de apresentar ofertas e serve de sinal do fato de Jesus ter tomado sobre Si os nossos pecados e Se oferecido como completo sacrifício, tornando-Se assim aroma suave a Deus (Efésios 5:2).

Agradar a Deus com fragrâncias não significa que Deus sente o cheiro do animal oferecido. Significa que Ele aceita a fragrância do coração da pessoa que Lhe apresentou a oferta. Deus examina até que ponto a pessoa teme a Deus e que tipo de amor a pessoa Lhe está ofertando. Ele então recebe a devoção e amor da pessoa.

Matar um animal para dá-lo a Deus como oferta queimada significa dar a Deus a nossa vida e obedecer a tudo que Ele nos ordenou. Em outras palavras, o sentido espiritual do holocausto é viver completamente segundo a Palavra de Deus e oferecer-Lhe todos os aspectos da nossa vida de forma pura e santa.

Nos termos de hoje, é uma expressão de amor dar nossas vidas a Deus de acordo com a Sua vontade, indo aos cultos na Páscoa, na Festa da Colheita, na Festa de Ações de Graças, Natal e todo domingo. Adorar a Deus todo domingo e manter o domingo santo serve como prova de que somos filhos de Deus e que nossos espíritos pertencem a Ele.

2. Um Sacrifício para o Holocausto

Deus ordenou que a oferta queimada fosse um animal "macho sem defeito", que simboliza a perfeição. Ele quer machos porque no geral são mais fiéis aos seus princípios do que as fêmeas. Não vacilam, não balançam para a direita ou esquerda, nem oscilam. Além disso, o fato de Deus querer que a oferta seja "sem defeito" significa que a pessoa deve adorá-Lo em espírito e em verdade, e não com um espírito triste.

Quando presenteamos nossos pais, eles aceitam o presente com alegria, se o fazemos com carinho e amor. Entretanto, se o fazemos relutantemente, nossos pais não podem aceitá-lo com alegria. Da mesma maneira, Deus não aceita adoração oferecida a Ele sem alegria ou com fadiga, sono, ou pensamentos vagos. Ele só aceitará alegremente nossa adoração, quando todo o nosso coração estiver cheio de esperança pelo Céu e de gratidão pela graça da salvação e o amor do nosso Senhor. Só então Deus nos dá caminhos para escaparmos de tentações e aflições, permitindo que todos os nossos caminhos prosperem.

Quanto ao "novilho" que Deus ordenou que fosse oferecido em Levítico 1:5, é uma referência a um jovem boi que ainda não cruzou e, espiritualmente, se refere à pureza e integridade de Jesus Cristo. Portanto, esse versículo mostra o desejo de Deus de nos achegarmos diante Dele com um coração puro e sincero, como o de uma criança. Ele não quer que nos comportemos de maneira infantil ou imatura, mas deseja que tenhamos o coração simples, obediente e humilde como o de uma criança.

O novilho ainda não tem chifres, o que significa que ele ainda não pode ferir, e não tem maldade. Esses traços são como os de

Jesus Cristo, que é manso, gentil e humilde como uma criança. Como Jesus Cristo é o irrepreensível e perfeito Filho de Deus, uma oferta que é comparada a Ele também deve ser impecável e imaculada.

Em Malaquias 1:6-8, Deus repreende veementemente o povo de Israel, que Lhe oferecera ofertas imperfeitas e deterioradas:

"O filho honra seu pai, e o servo, o seu senhor. Se eu sou pai, onde está a honra que me é devida? Se eu sou senhor, onde está o temor que me devem?", pergunta o Senhor dos Exércitos a vocês, sacerdotes. "São vocês que desprezam o meu nome! "Mas vocês perguntam: 'De que maneira temos desprezado o teu nome?' "Trazendo comida impura ao meu altar! "E mesmo assim ainda perguntam: 'De que maneira te desonramos?' "Ao dizerem que a mesa do Senhor é desprezível."Na hora de trazerem animais cegos para sacrificar, vocês não veem mal algum. Na hora de trazerem animais aleijados e doentes como oferta, também não veem mal algum. Tentem oferecê-los de presente ao governador! Será que ele se agradará de vocês? Será que os atenderá?", pergunta o Senhor dos Exércitos.

Devemos apresentar a Deus uma oferta perfeita, irrepreensível e imaculada, adorando-O em espírito e em verdade.

3. Os Diferentes Tipos de Ofertas

O Deus da justiça e misericórdia olha para o coração do homem. Portanto, Ele não está interessado no tamanho, valor ou custo da oferta, mas sim no tanto de cuidado com que a pessoa a apresenta com fé, de acordo com as circunstâncias de cada uma. Como Ele diz em 2 Coríntios 9:7: "Cada um dê conforme determinou em seu coração, não com pesar ou por obrigação, pois Deus ama quem dá com alegria", Deus aceita alegremente quando Lhe damos com alegria, de acordo com as nossas circunstâncias.

Em Levítico 1, Deus explica detalhadamente como novilhos, cordeiros, cabras e aves deviam ser ofertados. Enquanto gado sem defeitos é mais apropriado como oferta queimada a Deus, algumas pessoas não podem comprar um novilho. É por isso que, em Sua misericórdia e compaixão, Deus permitiu que as pessoas Lhe oferecessem cordeiros, cabras ou pombas, de acordo com as condições e circunstâncias de cada indivíduo. Que sentido espiritual isso tem?

1) Deus aceita ofertas que Lhe são dadas segundo a condição de cada pessoa.

Condições financeiras e circunstâncias variam de pessoa para pessoa – uma pequena quantia para algumas pessoas pode ser uma grande quantia para outras. Por essa razão, Deus alegremente aceitava cordeiros, cabras ou pombas que as pessoas Lhe ofereciam, de acordo com a condição de cada uma. Isso é o amor e a justiça de Deus, pelos quais Ele permitiu que todos, sejam ricos ou pobres, participassem das ofertas, de acordo com suas condições.

Deus não aceitará com alegria uma cabra dada a Ele por alguém que conseguia pagar por um novilho. Entretanto, Deus aceita alegremente e responde os desejos do coração da pessoa que Lhe ofereceu um boi, quando tudo pelo que podia pagar era um cordeiro. Quer seja novilho, cordeiro, cabra ou pomba, Deus disse que cada uma dessas ofertas tinha "aroma agradável" a Ele (Levítico 1:9, 13, 17). Isso significa que, enquanto há diferença no grau da oferta apresentada, quando apresentamos nossa oferta a Deus do fundo dos nossos corações (pois Ele olha o coração do homem), não há diferença, já que todas serão aromas agradáveis a Ele.

Em Mateus 12:41-44, vemos uma cena em que Jesus louva uma pobre viúva, quando ela faz a oferta. As duas pequenas moedas de cobre que ela deu eram as de menor valor que havia naquela época, mas, para ela, era tudo o que tinha. Por menor que seja a oferta, quando damos a Deus o melhor nas nossas condições e com alegria, ela se transforma em uma oferta com a qual Ele Se alegra.

2) Deus aceita a adoração segundo o intelecto de cada pessoa.

Quando ouvimos a Palavra de Deus, a compreensão e a graça que recebemos variam de acordo com o intelecto, contexto educativo e conhecimento de cada indivíduo. Mesmo durante o mesmo culto de adoração, a habilidade de entender e se lembrar da Palavra de Deus pode ser menor nas pessoas que não são tão inteligentes ou não passaram tanto tempo de suas vidas aprendendo, quanto outras que estudaram mais. Como Deus sabe de tudo isso, Ele quer que cada pessoa adore segundo o seu intelecto, do fundo do coração, entendendo e vivendo pela palavra de Deus.

3) Deus aceita a adoração de acordo com a idade e acuidade mental de cada pessoa.

À medida que as pessoas envelhecem, sua memória e compreensão começam a titubear. É por isso que muitos idosos não conseguem entender ou lembrar a Palavra de Deus. Mesmo assim, quando tais pessoas se dedicam a adorar com um coração sincero, Deus conhece as circunstâncias de cada pessoa e aceita alegremente sua adoração.

Mantenha em mente que, quando uma pessoa adora com a inspiração do Espírito Santo, o poder de Deus estará com ela, ainda que lhe falte sabedoria ou conhecimento, ou ainda que ela seja de muita idade. Pelo mover do Espírito Santo, Deus a ajuda a entender e fazer da Palavra seu pão. Assim, não desista dizendo, "isso é demais para mim", ou "já tentei, mas não consigo", mas se assegure de que esteja fazendo todo esforço que consegue do fundo do coração e está buscando o poder de Deus. Nosso Deus de amor aceita alegremente ofertas apresentadas a Ele de acordo com o maior esforço de cada pessoa, segundo suas circunstâncias e condições. É por essa razão que Ele registrou tão detalhadamente em Levítico tudo sobre ofertas queimadas e proclamou a Sua justiça.

4. Oferta de Gado (Levítico 1:3-9)

1) Jovens bois sem defeito na entrada da Tenda do Encontro

No tabernáculo existem o Santuário e o Santo dos Santos. Somente um sacerdote podia entrar no Santuário, e somente o sumo sacerdote podia entrar no Santo dos Santos uma vez por ano. É por isso que pessoas ordinárias, incapazes de entrar no Santuário, podiam apresentar ofertas de gado na entrada da tenda do encontro.

Entretanto, como Jesus destruiu o muro de pecado que havia entre Deus e nós, agora nós podemos ter acesso direto e uma comunhão íntima com Deus. As pessoas dos tempos do Velho Testamento ofertavam na entrada da tenda do encontro com suas obras. No entanto, como o Espírito Santo fez do nosso coração Seu templo, habita nele e tem comunhão conosco hoje, nós que vivemos nos tempos do Novo Testamento obtivemos o direito de nos apresentarmos diante de Deus no Santo dos Santos.

2) A imposição de mãos sobre a cabeça do animal do holocausto para que seja aceito como propiciação em seu lugar.

Em Levítico 1:4 lemos: "e porá a mão sobre a cabeça do animal do holocausto para que seja aceito como propiciação em seu lugar." Por a mão na cabeça do animal do holocausto simboliza imputar os pecados de alguém ao animal a ser ofertado, e só então Deus dá o perdão do pecado pelo sangue do holocausto.

Além de imputar pecado, por a mão na cabeça do animal também significa bênçãos e unção. Sabemos que Jesus punha Sua mão nas pessoas, quando abençoava crianças ou curava os enfermos de doenças e enfermidade. Pela imposição de mãos, os apóstolos partilhavam o Espírito Santo a pessoas e dons ficavam ainda mais abundantes. Além disso, a imposição de mãos significa que o objeto foi dado a Deus. Quando um ministro põe sua mão nas ofertas, isso indica que elas foram apresentadas, dadas a Deus.

Bênçãos apostólicas no fechamento dos cultos de adoração ou o fechamento de um culto ou reunião de oração com a Oração do Senhor são coisas feitas coma intenção de que Deus receba alegremente o culto ou reunião em questão. Em Levítico 9:22-24 está uma cena em que o Sumo Sacerdote Aarão "ergueu as mãos em direção ao povo e o abençoou" depois de ter apresentado os holocaustos a Deus, segundo Suas instruções. Depois de termos guardado o Dia do Senhor e terminado o culto com uma bênção apostólica, Deus nos protege do diabo e de Satanás e nos livra de tentações e aflições, permitindo que desfrutemos de abundantes bênçãos.

O que significa o homem matar o novilho sem defeito como holocausto? Como o salário do pecado é a morte, os homens punham os animais à morte em seu lugar. Um novilho que ainda não se acasalou é adorável, como uma criança inocente. Deus queria que todos aqueles que Lhe apresentassem ofertas, o fizessem com um coração inocente como o de uma criança e nunca pecassem novamente. Na verdade, Ele queria que cada pessoa se arrependesse de seus pecados e santificasse seu coração.

O apóstolo Paulo sabia muito bem o que Deus queria e, por isso, mesmo depois de ter recebido perdão pelos seus pecados, juntamente como autoridade e poder como filho de Deus, ele "morria diariamente". Em 1 Coríntios 15:31, ele confessou: "Eu protesto que cada dia morro gloriando-me em vós, irmãos, por Cristo Jesus, nosso Senhor" [Almeida Corrigida e Revisada], pois só podemos oferecer nosso corpo como sacrifício vivo e santo a Deus depois que nos livramos daquele que vai contra Ele, como um coração de inverdades, arrogância, ganância, um molde mental formado com nossos próprios pensamentos, nossa justiça própria e tudo mais que é mal.

3) O sacerdote borrifa o Sangue no Altar

Depois de matar o novilho no qual os pecados da pessoa que ofertava foram imputados, o sacerdote então borrifa o sangue no altar na entrada da tenda do encontro. Isso se dá porque, como lemos em Levítico 17:11, "Pois a vida da carne está no sangue, e eu o dei a vocês para fazerem propiciação por vocês mesmos no altar; é o sangue que faz propiciação pela vida", o sangue simboliza a vida. Por essa razão, Jesus derramou Seu sangue em redenção dos nossos pecados.

"Em todos os lados do altar" significa leste, oeste, norte e sul, ou, mais simplesmente, 'aonde quer que o homem vá'. Borrifar o sangue "em todos os lados do altar" significa que os pecados do homem são perdoados onde quer que ele tenha pisado. Significa que recebemos perdão de pecados cometidos em qualquer caminho, e recebemos a direção do caminho que Deus quer que tomemos, longe das direções que devemos certamente evitar.

É o mesmo hoje. O altar é o púlpito onde a Palavra de Deus é proclamada, e o servo do Senhor que dirige o culto de adoração desempenha o papel de sacerdote, que borrifa o sangue. Nos cultos de adoração ouvimos a Palavra de Deus e, pela fé, capacitados pelo sangue do nosso Senhor, recebemos perdão por tudo o que fizemos, tudo que vai de encontro à vontade de Deus. Uma vez tendo recebido perdão de pecados pelo sangue, devemos somente ir e andar onde Deus quer que andemos, a fim de que sempre fiquemos longe de pecar novamente.

4) Tirando a pele do animal e cortando-o em pedaços

O animal que é oferecido como oferta queimada deve ter primeiramente sua pele tirada e então ser completamente consumido por fogo. Peles de animais são duras, difíceis de queimar completamente e, quando queimadas, cheiram mal. Portanto, para que um animal fosse uma oferta de aroma agradável, primeiro tinha de ter a pele removida. A que aspecto dos cultos de adoração de hoje em dia esse procedimento pode ser comparado?

Deus sente a fragrância da pessoa que O adora e não aceita nada que não tenha um cheiro agradável. Para que a adoração tenha um aroma agradável a Deus, devemos "nos livrar das aparências manchadas pelo mundo e nos apresentarmos diante de Deus de maneira santa e temente a Ele." Durante nossas vidas nos deparamos com diversos aspectos da vida que podem não ser considerados como pecaminosos diante de Deus, mas estão longe de ser Dele ou de santos. Tais aparências mundanas que estavam em nós antes da nossa vida em Cristo podem ainda estar presentes, ou, como a extravagância, a vaidade e a vanglória, podem ainda estar em nossos corações.

Por exemplo, há pessoas que gostam de ir a feiras ou lojas de departamentos para 'olhar vitrine' e assim vão e fazem compras habitualmente. Outras são viciadas em televisão ou vídeo games. Se nossos corações são levados por tais coisas, estamos nos afastando do amor de Deus. Além do mais, se examinarmos a nós mesmos, poderemos identificar aparências de inverdades manchadas pelo mundo e aparências que são imperfeitas diante de Deus. Para sermos perfeitos diante de Deus, devemos nos livrar dessas coisas. Quando nos apresentamos diante Dele para adorá-Lo, primeiro temos de nos arrepender de todos esses aspectos de vida mundana, e nossos corações devem se tornar mais santos e tementes a Deus.

O arrependimento por aparências pecaminosas, sujas e imperfeitas das manchas do mundo, antes do culto de adoração, é equivalente a tirar a pele do animal a ser sacrificado. Para fazermos isso, devemos preparar nossos corações, chegando cedo aos cultos. Assegure-se de que irá oferecer uma oração de gratidão a Deus pelo Seu perdão de todos os seus pecados e, por Ele ter-lhe protegido, ofereça uma oração de arrependimento, enquanto você examina a si mesmo.

Quando o homem oferecia a Deus animais que já tinham tido a pele retirada e tinham sido cortados em pedaços, e os queimava, Deus lhe dava o perdão de suas transgressões e pecados e permitia que o sacerdote usasse a pele que sobrara para propósitos que achasse serem os melhores. O "cortar em pedaços" se refere a cortar a cabeça e as pernas do animal, separando as entranhas.

Quando servimos frutas como melancias ou maçãs aos nossos seniores, não lhes damos as frutas inteiras; descascamo-las e fazemo-las parecer apresentáveis. Semelhantemente, ao apresentar ofertas a Deus, não devemos queimar a oferta inteira, mas apresentar a oferta de maneira ordeira e limpa.

Qual é o significado espiritual de "cortar o animal a ser ofertado em pedaços"?

Primeiro, há a categorização de diferentes tipos de adoração oferecidos a Deus. Existem os Cultos de Domingo de Manhã e Domingo à Noite, Cultos da Quarta à Noite e Vigílias de Sexta. A divisão dos cultos de adoração é equivalente a "cortar a oferta em pedaços".

Em segundo lugar, a divisão dos conteúdos da nossa oração equivale também a "cortar o animal a ser ofertado em pedaços" . Em geral, a oração é dividida em arrependimento e expulsão de espíritos malignos, seguida de oração de gratidão. Depois, move-se para tópicos da igreja; a construção do Santuário; pelos ministérios da igreja e obreiros; pelo desempenho do dever de cada um; pela prosperidade da alma da pessoa; pelos desejos do coração da pessoa, e oração de fechamento.

Obviamente, podemos orar enquanto andamos na rua, dirigimos ou descansamos. Podemos ter momentos de comunhão no silêncio, enquanto pensamos e meditamos em Deus e nosso Senhor. Mantenha em mente que, além dos momentos de meditação, ter momentos para apresentar os tópicos de oração, um a um, diante de Deus, é tão importante como cortar a oferta em pedaços. Deus, então, aceita nossa oração com alegria e nos responde.

Em terceiro lugar, cortar em pedaços" também significa que a Palavra de Deus como um todo está dividida nos 66 Livros da Bíblia. Estes explicam em unidade sobre o Deus vivo e a providência da salvação através de Jesus Cristo. A Palavra de Deus é dividida em livros individuais, e sua Palavra em cada livro é completamente pareada com a dos outros. Como a Palavra de Deus está dividida em diferentes categorias, a vontade de Deus se converge de forma mais sistemática e nos é mais fácil fazer dela nosso pão.

Em quarto lugar, e isso é o mais importante dos significados, "cortar a oferta em pedaços" significa que o culto de adoração em si é dividido e composto de vários componentes. A oração de arrependimento antes do início do culto é seguida pelo primeiro componente, um curto período de meditação que o ???? prepara para o início do culto, e o culto termina ou com a Oração do Senhor ou com a bênção apostólica. Nesse meio tempo, não há apenas a proclamação da Palavra de Deus, mas também há oração intercessora, louvor, leitura da passagem, ofertas e outros componentes. Cada processo carrega seu próprio significado, e adorar em uma ordem específica é equivalente a cortar o animal a ser ofertado em pedaços.

Assim como o queimar todas as partes do sacrifício completa o holocausto, devemos nos dedicar completamente a um culto de adoração, do início ao fim em sua inteireza. Os participantes não devem chegar atrasados ou levantar-se para sair no meio do culto para cuidar de questões pessoais, a menos que seja absolutamente necessário. Algumas pessoas devem exercer certos deveres na igreja, como manobristas ou outros voluntários. Nesse caso, deixar seu assento mais cedo é permitido. As pessoas desejam estar presentes na hora certa para os cultos de Quarta ou Vigílias de Sextas, mas devido ao trabalho ou outra circunstância inevitável, podem ser forçadas a se atrasar. Deus olhará para o coração delas e receberá a fragrância de sua adoração.

5) O Sacerdote acende o fogo no altar e arruma a lenha sobre o fogo

Depois de cortar o animal a ser ofertado em pedaços, o sacerdote deve colocar todas as partes no altar e botar fogo nelas. É por isso que ele é instruído a "acender o fogo do altar e arrumar a lenha sobre o fogo". Aqui, "fogo" espiritualmente significa o fogo do Espírito Santo e a "lenha no fogo" se refere aos contextos e conteúdos da Bíblia. Cada palavra contida nos 66 Livros da

Bíblia é para ser usada como lenha. "Arrumar a lenha sobre o fogo" é, em termos espirituais, fazer de cada palavra da Bíblia pão espiritual, em meio às obras do Espírito Santo.

Por exemplo, em Lucas 13:33 Jesus diz: "nenhum profeta deve morrer fora de Jerusalém". Uma tentativa de entender esse versículo literalmente será em vão, pois sabemos que muitas pessoas de Deus, como os apóstolos Paulo e Pedro, morreram "fora de Jerusalém". Nesse versículo, todavia, "Jerusalém" não se refere à cidade física, mas a uma cidade que carrega o coração e a vontade de Deus, que é a "Jerusalém espiritual", que, por sua vez, é a "Palavra de Deus". Portanto, "certamente nenhum profeta deve morrer fora de Jerusalém" significa que um profeta vive e morre dentro dos limites da Palavra de Deus.

O entendimento daquilo que lemos na Bíblia e dos sermões que ouvimos nos cultos de adoração só pode ser feito pela inspiração do Espírito Santo. Qualquer parte da Palavra de Deus, que vai além do conhecimento, pensamentos e especulações humanos, pode ser entendida pela inspiração do Espírito Santo e então podemos crer na Palavra do fundo do nosso coração. Em suma, só crescemos espiritualmente quando entendemos a Palavra de Deus pelas obras e inspiração do Espírito Santo, resultando no coração de Deus e sendo convergido a nós, criando raiz em nossos corações.

6) Arrumando os pedaços, inclusive a cabeça e a gordura, sobre a lenha que está no fogo do altar

Levítico 1:8 diz: "Em seguida, arrumarão os pedaços, inclusive a cabeça e a gordura, sobre a lenha que está no fogo do altar." Ao lidar com o holocausto, o sacerdote deve arrumar os pedaços que foram cortados, assim como a cabeça e a gordura.

Queimar a cabeça do animal ofertado significa o queimar de todos os pensamentos de inverdade humanos que vêm da nossa cabeça. Isso é porque nosso pensamento se origina da cabeça e a maioria dos pecados começam também na cabeça. As pessoas deste mundo não condenam ninguém, se seu pecado não for posto em ação. Entretanto, assim como lemos em 1 João 3:15: "Todo o que odeia o seu irmão é assassino", Deus chama de pecado o alimentar do sentimento de ódio.

Jesus nos redimiu do nosso pecado há 2.000 anos. Ele nos redimiu dos pecados que cometemos, não apenas com nossas mãos e pés, mas também com a nossa cabeça. Jesus foi pregado em Suas mãos e pés para nos redimir de pecados que cometemos com nossas mãos e pés, e Ele usou a coroa de espinhos para nos redimir dos pecados que cometemos com nossos pensamentos que originam das nossas cabeças. Uma vez que já fomos perdoados dos pecados que cometemos com nossos pensamentos, não temos de oferecer a Deus a cabeça de um animal como oferta. Em vez da cabeça de um animal, precisamos queimar nossos pensamentos com o fogo do Espírito Santo, e fazemos isso nos livrando de pensamentos de inverdade e pensando em verdades o tempo todo.

Quando alimentamos a verdade, a todo momento, deixamos de nutrir pensamentos de inverdades ou pensamentos vagos. Como o Espírito Santo leva as pessoas a se desfazerem de pensamentos vagos e a se concentrarem na mensagem, de forma a gravá-la em seus corações, nos cultos de adoração, elas conseguem oferecer a Deus a adoração espiritual que Ele aceita.

Depois, a gordura é fonte de energia e a vida em si. Jesus

Se tornou sacrifício a ponto de derramar todo o Seu sangue e água. Quando cremos em Jesus como nosso Senhor, não mais precisamos oferecer a Deus a gordura de animais.

Contudo, "crer no Senhor" não é simplesmente confessar com os lábios "eu creio". Se verdadeiramente crermos que o Senhor nos redimiu do pecado, iremos nos livrar do pecado, sermos transformados pela Palavra de Deus e termos vidas sagradas. Mesmo em momentos de adoração, devemos trazer toda a nossa energia – nosso corpo, coração, vontade e nosso total empenho – e oferecer a Deus cultos espirituais de adoração. A pessoa que traz toda a sua energia para adorar, não apenas armazena a Palavra de Deus em sua cabeça, mas também a cumpre em seu coração. Só quando a Palavra de Deus é cumprida no coração da pessoa é que ela pode se tornar vida, força e bênçãos no espírito e no natural.

7) O sacerdote lava as vísceras e as pernas com água e oferece tudo em fumaça no altar

Enquanto outras partes são oferecidas como são, Deus ordena que as vísceras e pernas, partes sujas do animal, sejam lavadas com água e oferecidas. "Lavar com água" se refere a lavar as impurezas da pessoa que oferta. Que impurezas precisam ser lavadas? Enquanto as pessoas dos tempos do Velho Testamento limpavam a impureza da oferta, as pessoas dos tempos do Novo devem lavar a impureza do coração.

Em Mateus 15, há uma cena em que os fariseus e escribas repreendem os discípulos de Jesus por comerem sem lavar as mãos. A eles Jesus diz: "O que entra pela boca não torna o homem impuro; mas o que sai de sua boca, isto o torna impuro" (v. 11). Os efeitos do que entra na boca terminam quando o que entra é excretado; entretanto, o que sai da boca vem do coração com efeitos duradouros. Jesus continua nos versículos 19-20: "Pois do coração saem os maus pensamentos, os homicídios, os adultérios, as imoralidades sexuais, os roubos, os falsos testemunhos e as calúnias. Essas coisas tornam o homem impuro; mas o comer sem lavar as mãos não o torna impuro." Devemos lavar o pecado e maldade do coração com a Palavra de Deus.

Quanto mais a Palavra de Deus entra em nossos corações, mais o pecado e a maldade são eliminados e lavados de nós. Por exemplo: se a pessoa faz do amor o seu pão e vive por ele, o ódio será eliminado. Se a pessoa faz da humildade o seu pão, ela substituirá a arrogância. Se a pessoa faz da verdade o seu pão, a falsidade e o engano desaparecerão. Quando mais a pessoa faz da verdade o seu pão e vive segundo ela, mais ela vai se livrar de sua natureza pecaminosa. Naturalmente, sua fé crescerá firme e alcançará a estatura que pertence à plenitude de Cristo. Deus dá poder e autoridade a essa pessoa segundo a sua fé. Ela não apenas recebe os desejos do seu coração, mas também é abençoada em todas as áreas da sua vida.

Só depois que as vísceras e pernas são lavadas é que elas são colocadas sobre o fogo, exalando um aroma agradável. Levítico 1:9 define que isso é "oferta preparada no fogo, de aroma agradável ao SENHOR." Quando apresentamos a Deus cultos espirituais de adoração em espírito e em verdade, de acordo com a sua Palavra sobre holocaustos, a adoração é a oferta preparada no fogo com a qual Deus Se alegra e que pode trazer Suas respostas. Nosso coração adorador será um aroma agradável a Deus e, se Ele Se agradar, Ele nos dará prosperidade em todos os aspectos da vida.

5. Oferta de Ovelhas e Cabras (Levítico 1:10-13)

1) Um jovem cordeiro ou cabrito sem nenhum defeito

Idêntica à oferta de novilhos, quer seja de cordeiro ou de cabritos, a oferta deve ser de um macho jovem sem nenhum defeito. Em termos espirituais, apresentar uma oferta imaculada se refere a adorar diante de Deus com um coração perfeito, marcado por alegria e gratidão. A ordem de Deus de que um animal macho fosse oferecido significa "adorar com um coração resolvido sem vacilar." Embora a oferta possa variar de acordo com as circunstâncias financeiras de cada pessoa, a atitude da pessoa ao apresentar a oferta deve ser sempre santa e perfeita, independente da oferta.

2) A oferta deve ser morta no lado norte do altar, e o sacerdote borrifa o sangue nos quarto lados do altar

Como no caso da oferta de novilhos, o propósito de borrifar o sangue do animal nos lados do altar é receber perdão de pecados cometidos em todos os lugares – leste, oeste, norte e sul. Deus permitia que a remissão acontecesse com o sangue do animal oferecido a Ele em vez do homem.

Por que Deus ordenou que a oferta fosse MORTA no lado norte do altar? O "norte" espiritualmente simboliza frieza e escuridão; e é uma expressão frequentemente usada para se referir a algo que Deus disciplina ou repreende, e com o que Ele não se alegra.

Em Jeremias 1:14-15 lemos:

O Senhor me disse: "Do norte se derramará a desgraça sobre todos os habitantes desta terra. Estou convocando todos os povos dos reinos do norte", diz o Senhor . "Cada um virá e colocará o seu trono diante das portas de Jerusalém, virão contra todas as muralhas que a cercam e contra todas as cidades de Judá."

Em Jeremias 4:6 Deus nos diz: "Fujam sem demora em busca de abrigo! Porque do norte eu estou trazendo desgraça, uma grande destruição!" Como vemos na Bíblia, "norte" significa a disciplina e a reprecnsão de Deus. Sendo assim, o animal sobre o qual todos os pecados do homem foram imputados deve ser morto no "lado norte", como símbolo de maldição.

3) A oferta é cortada em pedaços com sua cabeça e gordura arrumadas sobre a lenha; as entranhas e pernas são lavadas com água, toda a oferta é oferecida em fumaça no altar

Da mesma forma que os novilhos eram apresentados, a oferta queimada de cordeiros ou cabritos também era oferecida para o recebimento de perdão de pecados que cometemos com nossas cabeças, mãos e pés. O Velho Testamento é como a sombra e o Novo é como a forma. Deus quer que recebamos perdão de pecados não baseados apenas em obras, mas que os nossos corações sejam circuncidados e vivam de acordo com a Sua Palavra. Isso é oferecer a Deus cultos espirituais de adoração com todo o nosso corpo, coração e vontade, e fazer da Palavra de Deus nosso pão pela inspiração do Espírito Santo. Assim nos livramos de inverdade e vivemos de acordo com a verdade.

6. Oferta de Aves (Levítico 1:14-17)

1) Uma rolinha ou um pombinho

Pombas são as mais mansas e espertas de todas as aves e obedecem bem às pessoas. Sua carne é macia e elas em geral oferecem muitos benefícios ao homem, Deus ordenou que pombinhas ou rolinhas fossem oferecidas. Dentre as pombas, Deus queria que pombas jovens fossem oferecidas, pois queria receber ofertas dóceis e limpas. Esses traços das pombas jovens simbolizam a humildade e mansidão de Jesus, que Se fez sacrifício.

2) O sacerdote traz a oferta ao altar, destroça o pescoço, rasga-a pelas asas, mas não a corta; o sacerdote a oferece em fumaça no altar, com seu sangue drenado no lado do altar.

Uma vez que pombinhas jovens são muito pequenas, não podem ser mortas e depois cortadas em pedaços, e somente uma pequena quantidade de seu sangue pode ser derramada. Por essa razão, diferente de outros animais que são mortos no lado norte do altar, sua cabeça é torcida com seu sangue drenado; essa parte também inclui por a mão na cabeça da pomba. Enquanto o sangue da oferta deve ser derramado em todos os lados do altar, a cerimônia de remissão acontece com a drenagem do sangue no lado do altar , devido à pequena quantidade de sangue que uma pombinha tem.

Além do mais, devido ao seu porte pequeno, se uma pomba

tivesse de ser cortada em pedaços, sua forma seria irreconhecível. É por isso que só a aparência de rasgar a pomba pelas asas, mas sem cortá-las, é dada. Para aves, asas são sua vida. O fato de que uma pomba é rasgada pelas asas simboliza que o homem se rendeu completamente diante de Deus e deu sua vida a Ele.

3) O papo da oferta com suas penas jogadas no lado leste do altar, onde ficam as cinzas

Antes de por fogo na ave como holocausto, o papo e as penas são removidos. Enquanto as entranhas dos novilhos, cordeiros e cabritos não são descartadas, mas queimadas depois de lavadas, por ser difícil limpar o papo e entranhas de uma pomba, Deus permitiu que eles fossem descartados. O ato de se livrar do papo da pomba junto com suas penas simboliza limpar o coração e condutas passadas sujos de pecado e maldade pela adoração a Deus em espírito e em verdade.

O papo de uma ave com suas penas devem ser jogados no lado leste do altar, onde ficam as cinzas. Lemos em Gênesis 2:8 que Deus "plantou um jardim para os lados do leste, no Éden." O sentido espiritual de "leste" é um espaço rodeado de luz. Mesmo na terra em que vivemos, o leste é a direção onde o sol nasce e, uma vez que ele nasce, as trevas da noite são dissipadas.

Qual é o significado de jogar o papo e as penas da pomba no lado leste do altar?

Isso simboliza a nossa apresentação diante do Senhor, que é a Luz, depois de termos nos livrado das impurezas do pecado e maldade, oferecendo a Deus um holocausto. Como lemos em Efésios 5:13: "Mas, tudo o que é exposto pela luz torna-se visível, pois a luz torna visíveis todas as coisas", livramo-nos da impureza do pecado e da maldade que descobrimos ter e nos tornamos filhos de Deus ao irmos para diante da Luz. Portanto, livrar-se das impurezas de uma oferta, jogando-as no lado leste, significa espiritualmente para nós que, vivíamos em meio a impurezas espirituais – pecado e maldade – nos livramos do pecado e nos tornamos filhos de Deus.

Efésio 5:13: "Mas, tudo o que é exposto pela luz torna-se visível, pois a luz torna visíveis todas as coisas". Livramo-nos da impureza do pecado, da maldade que descobrimos ter e tornamo-nos filhos de Deus, ao irmos para diante da Luz. Portanto, livrar-se das impurezas de uma oferta, jogando-as no lado leste, significa espiritualmente como nós, que vivíamos em meio a impurezas espirituais – pecado e maldade – nos livramos do pecado e nos tornamos filhos de Deus.

Através de holocausto de novilhos, cordeiros, cabritos e aves, podemos agora entender o amor e a justiça de Deus. Deus ordenou que ofertas queimadas fossem feitas porque Ele queria que o povo de Israel vivesse cada momento de suas vidas em comunhão íntima e direta com Ele, sempre Lhe oferecendo sacrifícios. Quando você se lembrar disso, espero que você adore em espírito e em verdade, e não apenas guarde o Sábado, mas também ofereça a Deus um aroma agradável, vindo de seu coração, todos os 365 dias do ano. Então nosso Deus, que nos prometeu, "Deleite-se no Senhor, e ele atenderá aos desejos do seu coração" (Salmo 37:4), derramará prosperidade e bênçãos maravilhosas sobre nós aonde quer que formos.

Capítulo 4

A Oferta de Cereais

"Quando alguém trouxer uma oferta de cereal ao Senhor, terá que ser da melhor farinha. Sobre ela derramará óleo, colocará incenso"

Levítico 2:1

1. O Significado da Oferta de Cereais

Levítico 2 explica sobre a oferta de cereais e como ela deve ser apresentada a Deus, para que possa ser um sacrifício vivo e santo com o qual Ele Se alegra.

Como lemos em Levítico 2:1, "Quando alguém trouxer uma oferta de cereal ao Senhor, terá que ser da melhor farinha. Sobre ela derramará óleo, colocará incenso". Por isso a oferta de cereais deve ser com os melhores grãos. É uma oferta de ação de graças a Deus, que nos deu vida e nos provê o pão diário. Nos termos de hoje, significa uma oferta de gratidão durante um Culto de Adoração de Domingo, dada a Deus por Ele ter-nos protegido na semana que passou.

Nas ofertas dadas a Deus, derramar sangue de animais como novilhos ou cordeiros como oferta por pecado é preciso. Isso é porque o perdão dos nossos pecados, através do derramamento do sangue de animais, assegura a entrega das nossas orações e súplicas ao Santo Deus. Entretanto, uma oferta de cereais é uma oferta de gratidão que não requer um derramamento separado de sangue e é geralmente dada junto com um holocausto. As pessoas davam a Deus seus primeiros frutos e outras coisas boas dos grãos que colhiam como oferta de cereais, pois Ele foi quem lhes dera as sementes, o alimento, e as protegera até o tempo da colheita.

A farinha era geralmente oferecida como oferta de cereais. Farinha refinada, pães assados e cabeças frescas de grãos precocemente colhidos eram usados, e todas as ofertas eram temperadas com óleo e sal, e incenso era também adicionado.

Então um punhado da oferta era oferecido a Deus em fumaça para agradá-Lo com o aroma.

Lemos em Êxodo 40:29: "Montou o altar de holocaustos à entrada do tabernáculo, a Tenda do Encontro, e sobre ele ofereceu holocaustos e ofertas de cereal, como o Senhor tinha ordenado." Deus ordenou que, quando um holocausto fosse oferecido, uma oferta de cereais também fosse apresentada ao mesmo tempo. Portanto, teremos dado a Deus um culto completamente espiritual de adoração, somente quando dermos a Ele ofertas de ação de graças nos Cultos de Adoração de Domingo.

A etimologia de "oferta de cereais" é "ofertar" e "dom". Deus não quer que participemos de vários cultos de adoração de mãos vazias, mas que demonstremos em obras o coração de gratidão que temos, oferecendo-Lhe ofertas de ação de graças. Por essa razão, Ele nos diz em 1 Tessalonicenses 5:18: "Deem graças em todas as circunstâncias, pois esta é a vontade de Deus para vocês em Cristo Jesus" e em Mateus 6:21: "Pois onde estiver o seu tesouro, aí também estará o seu coração."

Por que devemos dar graças em todas as coisas e oferecer a Deus ofertas de cereais? Primeiro, toda a humanidade estava no caminho da destruição, por causa da desobediência de Adão, mas Deus nos deu Jesus como propiciação pelos nossos pecados. Jesus nos redimiu dos pecados e, através Dele, ganhamos a vida eterna. Uma vez que Deus, que criou todas as coisas do universo assim como o homem, é agora o nosso Pai, podemos desfrutar de autoridade como filhos de Deus. Ele permitiu que possuíssemos o Céu, então como poderíamos não ser gratos a Ele?

Deus também nos dá o sol e controla as chuvas, os ventos

e o clima de que tanto desfrutamos para que possamos ter abundantes colheitas através das quais Ele nos dá nosso pão diário. Devemos dar graças a Ele. Além do mais, é Deus quem protege cada um de nós do mundo que está em pecado, injustiça, doenças e onde acidentes abundam. Ele responde nossas orações oferecidas com fé e sempre nos abençoa, para que tenhamos vidas triunfantes. Então, mais uma vez, como poderíamos não dar graças a Ele?!

2. Ofertas na Oferta de Cereais

Em Levítico 2:1, Deus diz: "Quando alguém trouxer uma oferta de cereal ao Senhor , terá que ser da melhor farinha. Sobre ela derramará óleo, colocará incenso" Grãos oferecidos a Deus como oferta de cereais devem ser da melhor qualidade. A ordem de Deus, que os grãos oferecidos devam ser o "melhor", indica o tipo de coração que devemos ofertar a Ele. Para se obter melhor farinha, o grão passa por diversos processos, incluindo o descascar dos grãos, seu moer e seu peneirar. Cada um deles requer grande esforço e cuidado. A nuance da comida feita com a boa farinha é muito boa e seu gosto é ainda melhor.

O significado espiritual por trás da ordem de Deus, que a oferta de cereal tenha de ser da "melhor farinha", significa que Deus aceita ofertas preparadas com o maior cuidado e com alegria. Ele aceita alegremente quando demonstramos em obras o coração de gratidão, não quando meramente agradecemos com nossos lábios. Portanto, quando damos os dízimos ou ofertas de ação de graças, devemos nos assegurar de que o fazemos com todo o coração, para que Deus aceite tudo com alegria.

Deus é o governador de todas as coisas e Ele ordena que o homem Lhe faça ofertas, mas não é porque Lhe falta alguma coisa. Ele tem o poder para aumentar a riqueza de cada pessoa e também de tirar suas posses. A razão de Deus querer receber ofertas de nós é para que Ele possa nos abençoar ainda mais com abundância por meio das ofertas que apresentamos a Ele com fé e amor.

Como vemos em 2 Coríntios 9:6, "Lembrem-se: aquele que semeia pouco também colherá pouco, e aquele que semeia com fartura também colherá fartamente". Colher de acordo com o que se semeou é uma lei no mundo espiritual. Para que Ele possa nos abençoar ainda mais abundantemente, Deus nos ensina a dar a Ele ofertas de ação de graças.

Quando cremos nesse fato e damos ofertas, devemos dar naturalmente com todo o nosso coração, assim como daríamos a Deus ofertas da melhor farinha, puras e irrepreensíveis.

"A melhor farinha" também significa a natureza e vida de Jesus, que são perfeitas. Também nos ensina que, assim como fazemos a farinha com o maior cuidado, devemos ter vidas de trabalho e obediência.

Quando davam ofertas de cereais com a melhor farinha dos grãos, as pessoas a ofereciam em fumaça no altar, depois de misturá-la com óleo e assá-la no forno, ou espalhá-la na chapa ou em uma panela para assar. O fato de as ofertas de cereais serem oferecidas de diferentes maneiras significa que o meio pelo qual as pessoas se sustentam varia assim como suas razões para agradecer.

Em outras palavras, além das razões pelas quais devemos sempre dar graças aos domingos, devemos dar graças também por termos sido abençoados ou respondidos nos desejos do nosso coração; tendo conseguido vencer tentações e superado tribulações com fé; e coisas do tipo. No entanto, assim como Deus nos ordena a "dar graças em tudo", devemos buscar razões para sermos gratos e sempre darmos graças. Só então Deus aceitará o aroma dos nossos corações e se assegurará de que as razões para agradecermos sejam abundantes em nossas vidas.

3. Dando a Oferta de Cereais

1) Uma Oferta de Grãos da Melhor Farinha com Óleo e Incenso

Ao derramar óleo da farinha faz-se com que ela fique melhor e venha a ser um excelente pão, enquanto o incenso no pão aumenta a qualidade e aparência da oferta. Quando isso é trazido ao sacerdote, ele pega um punhado da farinha com óleo e incenso e a oferece como fumaça no altar. É aí que é exalado um cheiro agradável.

Qual é o significado de derramar óleo na farinha?

"Óleo" aqui se refere à gordura de animais ou óleos de resina extraída de plantas. A mistura da melhor farinha com "óleo" indica que devemos dar cada milímetro da nossa energia – toda a nossa vida – em oferta a Deus. Quando adoramos a Deus ou ofertamos a Ele, Deus nos dá a inspiração e a plenitude do

Espírito Santo e permite que tenhamos vidas com comunhão direta e íntima com Ele. Derramar óleo simboliza que, quando damos algo a Deus, devemos fazê-lo com todo o nosso coração.

O que significa colocar incenso na oferta?

Lemos em Romanos 5:7: "Dificilmente haverá alguém que morra por um justo, embora pelo homem bom talvez alguém tenha coragem de morrer." No entanto, de acordo com a vontade de Deus, Jesus morreu por nós, que não éramos justos nem bons, mas pecadores. Agora, o quão agradável terá sido o aroma do amor de Jesus para Deus? É assim que Jesus destruiu a autoridade da morte, ressuscitou, sentou à direita de Deus e Se tornou o Rei dos reis, sendo verdadeiramente um aroma inestimável diante de Deus.

Efésios 5:2 nos incentiva dizendo: "vivam em amor, como também Cristo nos amou e se entregou por nós como oferta e sacrifício de aroma agradável a Deus." Quando Jesus foi oferecido a Deus como sacrifício, foi como uma oferta com incenso. Portanto, como recebemos o amor de Deus, devemos também oferecer a nós mesmos como aroma suave e agradável, assim como Jesus fez.

"Colocar incenso na melhor farinha" significa que assim como Jesus engrandeceu a Deus com um aroma agradável com Sua natureza e obras, devemos viver pela Palavra de Deus com todo o nosso coração e engrandecê-Lo, exalando a fragrância de Cristo. Somente quando oferecemos ofertas de gratidão a Deus, juntamente com a fragrância de Cristo, é que nossas ofertas se tornam ofertas de cereais dignas da aceitação de Deus.

2) Sem Mel e Sem Fermento

Levítico 2:11 diz: ""Nenhuma oferta de cereal que vocês trouxerem ao Senhor será feita com fermento, pois vocês não queimarão fermento nem mel como oferta preparada no fogo ao Senhor ." Deus ordenou que nenhum fermento fosse adicionado ao pão a ser oferecido a Deus, pois assim como o fermento leveda a massa feita de farinha, o "fermento" espiritual também estraga e corrompe a oferta.

O Deus imutável e perfeito quer que nossas ofertas sejam incorruptíveis e oferecidas a Ele como a melhor farinha – do fundo do nosso coração. Portanto, quando ofertamos, devemos dar com um coração constante, limpo e puro, e em gratidão, amor e fé para com Deus.

Quando ofertam, algumas pessoas pensam em como os outros as percebem e dão graças por pura formalidade. Outras dão com um pesar e preocupação no coração. Contudo, como Jesus advertiu sobre o fermento dos fariseus, que é a hipocrisia, se dermos fingindo sermos santos no exterior e buscando o reconhecimento dos outros, nosso coração será como uma oferta de cereais estragada por fermento e não terá nada a ver com Deus.

Logo, devemos dar sem nenhum fermento e do fundo do coração em amor e gratidão a Deus. Não devemos dar com pesar ou ressentimento, sem fé. Devemos dar com uma fé firme e abundante em Deus, que aceitará nossas ofertas e nos abençoará no espiritual e no físico. Para nos ensinar o sentido espiritual dessas coisas, Deus ordenou que as ofertas não fossem feitas com fermento.

Há vezes, entretanto, em que Deus permite que Lhe apresentemos ofertas com fermento. Essas ofertas não são queimadas, mas o sacerdote as move para frente e para trás no altar, para expressar a apresentação da oferta a Deus, e a traz de volta para as pessoas compartilharem e comerem dela. Isso é chamado de oferta movida, na qual, diferente da oferta de cereais, foi permitido adicionar fermento, quando os procedimentos foram mudados.

Por exemplo, pessoas de fé irão aos cultos de adoração, não somente aos domingos, mas também em outros dias durante a semana. Quando pessoas de fé fraca vão aos cultos de domingo, mas não vão a vigílias de sexta ou cultos de quarta, Deus não considera sua conduta pecaminosa. Em termos de procedimentos, enquanto um culto de domingo segue uma rígida ordem de acontecimentos, cultos de adoração com membros de células ou nas casas de membros da igreja, embora também sigam uma estrutura básica consistindo de uma mensagem, uma oração, e louvor, os procedimentos podem ser ajustados dependendo das circunstâncias. Realmente, se seguem regras básicas e necessárias, Deus também permite espaço para um pouco de flexibilidade, dependendo das circunstâncias ou medida da fé. Isso é o significado espiritual da oferta com fermento.

Por que Deus proibiu a adição de mel?

Assim como o fermento, o mel também pode atrapalhar as propriedades da farinha. Mel aqui se refere ao xarope doce produzido a partir do suco de tâmaras da Palestina, e pode se fermentar e apodrecer facilmente. Por essa razão, Deus proibiu a corrupção da integridade da farinha pela adição de mel. Ele também está nos dizendo que quando os filhos de Deus O adoram ou Lhe dão ofertas, devem fazê-lo com um coração perfeito que não engana nem muda.

As pessoas podem achar que adicionar mel faria a oferta parecer melhor. Por mais que algo pareça melhor ao homem, Deus Se alegra por receber o que Ele ordenou e o que o homem fez o voto de entregar-Lhe. Algumas pessoas se precipitam em jurar dar alguma coisa específica a Deus, mas quando as circunstâncias mudam, mudam de ideia e acabam dando outra coisa. Contudo, Deus abomina quando as pessoas mudam de ideia em relação a algo prometido a Ele para usufruírem de benefícios pessoais, quando as obras do Espírito Santo estão envolvidas. Portanto, se uma pessoa fez o voto de oferecer um animal, ela necessariamente precisa oferecê-lo a Deus como registrado em Levítico 27:9-10, que diz: ""Se o que ele prometeu mediante voto for um animal aceitável como oferta ao Senhor, um animal assim dado ao Senhor torna-se santo. Ele não poderá trocá-lo nem substituir um animal ruim por um bom, nem um animal bom por um ruim; caso troque um animal por outro, tanto o substituto quanto o substituído se tornarão santos."

Deus quer que demos a Ele com um coração limpo, não só quando estamos ofertando, mas em todas as coisas. Se houver alguma hesitação ou engano no coração da pessoa, isso será uma conduta inaceitável a Deus.

Por exemplo, o rei Saul desconsiderou as ordens de Deus, e as alterou como bem entendeu. Consequentemente, ele desobedeceu a Deus. Deus havia ordenado que Saul destruísse o rei amalequita e todo o seu povo e animais. Depois de vencer a guerra pelo poder de Deus, todavia, Saul não seguiu as ordens de Deus. Ele poupou e trouxe de volta o rei Agague e os melhores animais. Mesmo depois de ser repreendido, Saul não se arrependeu, mas permaneceu desobediente e, no fim, foi abandonado por Deus.

Números 23:19 diz: "Deus não é homem para que minta, nem filho de homem para que se arrependa." Para que sejamos um deleite para Deus, nosso coração deve primeiro ser transformado em um coração limpo. Por mais que algo possa parecer bom ao homem e ao seu modo de pensar, ele nunca deve fazer o que Deus proibiu e isso jamais deve mudar, independente do passar do tempo. Quando o homem obedece à vontade de Deus, com um coração limpo e sem mancha, Deus Se deleita. Ele aceita suas ofertas e o abençoa.

Levítico 2:12 diz: "Podem trazê-los como oferta dos primeiros frutos ao Senhor , mas não podem oferecê-los no altar como aroma agradável." A oferta deve ter aroma agradável e aceitável a Deus. Aqui, Deus nos está dizendo que a oferta de cereais não pode ser colocada no altar para o único propósito de oferecê-la em fumaça e fazer com que ela exale um aroma. O propósito do nosso ofertar dos cereais não está na obra, mas na oferta a Deus da fragrância do nosso coração.

Por mais que se ofereçam boas coisas, se não forem oferecidas com o tipo de coração com o qual Deus Se alegre, pode até ser que sejam de bom cheiro ao homem, mas não a Deus. É o mesmo quando filhos presenteiam seus pais. É diferente quando o fazem por pura formalidade e quando o fazem com um coração cheio de amor e gratidão, por eles os terem concebido e criado com amor – o que é fonte de verdadeira alegria para eles.

Da mesma forma, Deus não quer que demos por hábito e digamos, "Fiz o que tinha que fazer", mas sim que emanemos a fragrância do coração cheio de fé, esperança e amor.

3) Temperem com Sal

Lemos em Levítico 2:13: "Temperem com sal todas as suas ofertas de cereal. Não excluam de suas ofertas de cereal o sal da aliança do seu Deus; acrescentem sal a todas as suas ofertas." O sal dissolve e impede a comida de estragar, além de dar-lhe um gosto ao temperá-la.

"Temperar com sal" espiritualmente significa "fazer paz." Assim como o sal precisa dissolver, para que a comida seja temperada, realizar a função de sal, pela qual podemos fazer paz, requer um sacrifício de morte do eu. Portanto, a ordem de Deus que a oferta de cereais seja temperada com sal significa que devemos ofertas a Deus sacrificando a nós mesmos para fazermos paz.

Para esse fim, precisamos primeiro aceitar Jesus Cristo e ficar em paz com Deus, lutando para nos livrarmos do pecado, maldade, cobiça e do velho eu, a ponto de derramarmos sangue.

Suponha que alguém voluntariamente cometa pecados que Deus acha abomináveis e depois dá a Deus uma oferta sem se arrepender dos seus pecados. Deus não pode aceitar alegremente a oferta, pois a paz entre a pessoa e Deus já foi quebrada. É por isso que o salmista escreveu: "Se eu acalentasse o pecado no coração, o Senhor não me ouviria" (Salmo 66:18). Deus aceita com alegria não só a nossa oração, mas também as nossas ofertas, só depois que nos afastarmos do pecado, estivermos em paz com Ele e, então, Lhas ofertarmos.

Fazer paz com Deus requer que cada pessoa faça um sacrifício da morte do eu. Assim como o apóstolo Paulo confessou, "Morro diariamente", só quando a pessoa nega a si mesma e sacrifica o seu eu é que ela pode alcançar paz com Deus.

Devemos também estar sempre em paz com nossos irmãos e irmãs na fé. Jesus nos diz em Mateus 5:23-24: ""Portanto, se você estiver apresentando sua oferta diante do altar e ali se lembrar de que seu irmão tem algo contra você, deixe sua oferta ali, diante do altar, e vá primeiro reconciliar-se com seu irmão; depois volte e apresente sua oferta." Deus não aceita a nossa oferta com alegria se estivermos em pecado, agindo em maldade, ou atormentando nossos irmãos em Cristo.

Mesmo que um irmão tenha agido com maldade para conosco, não podemos odiá-lo ou guardar rancor contra ele, mas sim perdoar-lhe e ficar em paz com ele. Independente das razões, não podemos estar em discórdia nem em disputas com nossos irmãos, muito menos machucá-los ou fazê-los tropeçar. Só depois que ficamos em paz com todos e nossos corações ficam cheios do Espírito Santo, alegria e gratidão, é que nossas ofertas terão sido 'temperadas com sal'.

Além disso, na ordem de Deus "Temperem com sal" é a essência da aliança, como vemos "no sal da aliança do seu Deus". O sal vem da água do mar, e água significa Palavra de Deus. Assim como o sal sempre dá um gosto salino, a Palavra de Deus da aliança nunca muda.

"Temperar as ofertas que damos com sal" significa que

devemos confiar na imutável aliança do Deus fiel e dar com um coração íntegro. Quando estamos dando ofertas de ação de graças, devemos crer que Deus certamente recompensará a 30, 60 e 100 vezes mais do que damos, de forma recalcada, sacudida e transbordante.

Algumas pessoas dizem, "não dou com expectativas de receber bênçãos." Contudo, Deus Se alegra mais com a pessoa que humildemente busca Suas bênçãos. Hebreus 11 nos fala de quando Moisés abandonou o assento de príncipe do Egito, e que ele "estava olhando para a recompensa" que Deus iria dar-lhe. Nosso Jesus, que também estava olhando para a recompensa, não Se importou com a humilhação da cruz. Olhando para os grandes frutos – a glória que Deus estava para derramar sobre Ele e a salvação da humanidade – Jesus pôde facilmente suportar o terrível castigo da cruz.

Obviamente, "olhar para a recompensa" é completamente diferente do coração calculista que espera algo em troca, porque já deu alguma coisa. Mesmo que não haja recompensa, a pessoa ,em seu amor a Deus, pode estar preparada até para dar sua vida por Ele. Entretanto, compreendendo o coração do nosso Deus Pai que deseja abençoá-lo e crendo no poder de Deus, quando o homem busca bênçãos, sua obra agrada ainda mais a Deus. Deus prometeu que o homem colheria o que ele plantasse, e que daria aos que procurassem. Deus Se alegra quando ofertamos com fé em Sua Palavra. Ele Se alegra com nossa fé, com a qual pedimos por Suas bênçãos de acordo com Sua promessa.

4) O Restante da Oferta de Cereais Pertence a Arão e Seus Filhos

Enquanto o holocausto era completamente oferecido em fumaça no altar, a oferta de cereais era trazida ao sacerdote e somente uma porção era oferecida em fumaça a Deus no altar. Isso quer dizer que, enquanto devemos dar a Deus uma variedade de cultos de adoração por inteiro, as ofertas de gratidão – ofertas de cereais – são dadas a Deus para que sejam usadas no reino de Deus e Sua justiça, e suas porções devem ser usadas pelos sacerdotes, que são hoje servos do Senhor e obreiros na igreja. Como Gálatas 6:6 nos diz: "O que está sendo instruído na palavra partilhe todas as coisas boas com aquele que o instrui," quando membros da igreja, que receberam graça de Deus, dão ofertas de gratidão, os servos de Deus, que ensinam a Palavra, compartilham as ofertas de ação de graças.

Ofertas de cereais são dadas a Deus juntamente com holocaustos, e servem como um modelo de vida de serviço que o próprio Cristo teve. Portanto, devemos ofertar com todo o nosso coração com fé. Espero que cada leitor adore da forma que é adequada a Deus, segundo a Sua vontade, e receba abundantes bênçãos todos os dias ao oferecer-Lhe ofertas de cheiro suave com as quais Ele se alegra.

Capítulo 5

A Oferta de Comunhão

"Quando a oferta de alguém for sacrifício de comunhão, assim se fará: se oferecer um animal do gado — seja macho, seja fêmea —, apresentará ao Senhor um animal sem defeito."

Levítico 3:1

1. O significado da Oferta de Comunhão

Levítico 3 contém estatutos sobre a oferta de comunhão. A oferta de comunhão envolve matar um animal sem defeito, derramar seu sangue em todos os lados do altar e oferecer a Deus sua gordura em fumaça no altar, como aroma agradável. Embora procedimentos para a oferta de comunhão se assemelhem aos do holocausto, há bastantes diferenças. Algumas pessoas entendem mal o propósito da oferta de comunhão e acham que ela é um meio de receber o perdão de pecados; sendo que o propósito primário da oferta por culpa e por pecado é o perdão de pecados.

Uma oferta de comunhão é uma oferta para alcançar paz entre Deus e nós, e com ela a pessoa expressa gratidão, faz votos a Deus e dá coisas a Ele voluntariamente. Ela é oferecida separadamente por pessoas que foram perdoadas de seus pecados com a oferta por pecado e holocausto e agora têm comunhão íntima e direta com Deus, para que possam confiar Nele de todo o coração em todos os aspectos de suas vidas.

A oferta de cereais de Levítico 2 é considerada um oferta de gratidão – é uma oferta convencional de ação de graça dada em gratidão a Deus que nos salvou, nos protege, e nos dá o pão diário. Ela é diferente da oferta de comunhão e da gratidão expressa nela. Além das ofertas de gratidão que damos aos domingos, damos ofertas separadas de gratidão, quando há outras razões especiais para agradecer. Incluídas nas ofertas de comunhão estão ofertas voluntariamente dadas para agradar a Deus, separar-se e viver de forma sagrada pela Palavra de Deus, e receber Dele os desejos do coração.

Enquanto a oferta de comunhão carrega múltiplos significados, o propósito mais fundamental contido nela é estar em paz com Deus. Uma vez em paz com Deus, Ele nos dá força para vivermos pela verdade, responde aos desejos do nosso coração e nos dá graça pela qual podemos cumprir qualquer voto que fizermos a Ele.

Como 1 João 3:21-22 nos diz: "Amados, se o nosso coração não nos condenar, temos confiança diante de Deus e recebemos dele tudo o que pedimos, porque obedecemos aos seus mandamentos e fazemos o que lhe agrada", quando somos confiantes diante de Deus, vivendo segundo a verdade, estamos em paz com Ele e experimentamos Suas obras em tudo o que Lhe pedimos. Se agradarmos ainda mais a Ele com ofertas especiais, podemos imaginar o quanto mais rapidamente Deus nos responderá e nos abençoará.

Portanto, é imperativo que entendamos corretamente os significados da oferta de cereais e da oferta de comunhão e distingamos uma da outra, para que Deus aceite nossas ofertas com alegria.

2. Ofertas na Oferta de Comunhão

Em Levítico 3:1 Deus nos diz: "Quando a oferta de alguém for sacrifício de comunhão , assim se fará: se oferecer um animal do gado — seja macho, seja fêmea —, apresentará ao Senhor um animal sem defeito."   Na oferta de comunhão o animal pode ser uma ovelha ou uma cabra, e pode ser macho ou fêmea – a condição é que seja sem defeito (Levítico 3:6, 12).

Uma oferta no holocausto tinha de ser um novilho ou cordeiro (machos) sem defeito. Isso é porque o perfeito sacrifício no holocausto – para o culto de adoração espiritual – significa Jesus Cristo, o imaculado Filho de Deus.

Entretanto, quando damos a Deus a oferta de comunhão para estarmos em paz com Ele, não há necessidade de distinguirmos entre macho e fêmea, desde que o animal não tenha defeito algum. Não há diferença entre macho e fêmea, quando se apresenta uma oferta de comunhão, como vemos em Romanos 5:1:"Tendo sido, pois, justificados pela fé, temos paz com Deus, por nosso Senhor Jesus Cristo". Quando temos paz com Deus pelas obras do sangue de Jesus na cruz, não há diferença entre macho e fêmea.

Quando Deus ordena que a oferta seja "sem defeito", Ele deseja que nós ofertemos a Ele não com um espírito triste, mas com um coração de uma criança. Não devemos dar com ressentimento nem buscando o reconhecimento das pessoas, mas voluntariamente e com fé. Quando damos uma oferta de gratidão pela graça da salvação, só faz sentido se dermos uma oferta irrepreensível. Uma oferta é dada a Deus como sinal de nossa confiança Nele, para que Ele possa estar conosco e nos proteger a todo o tempo e, para que possamos viver de acordo com a Sua vontade; e é por isso que a oferta tem de ser a melhor que podemos dar e deve ser dada com todo o cuidado e de todo o coração.

Quando comparamos as ofertas no holocausto e na oferta de comunhão, há um fato interessante a se notar: pombas foram excluídas da segunda. Por quê? Por mais que uma pessoa seja pobre, o holocausto pode ser oferecido por todas as pessoas e é por isso que Deus permitiu que pombas, cujo valor é extremamente pequeno, fossem sacrificadas.

Por exemplo, quando um recém-convertido vai apenas aos cultos de domingo com uma fé fraca e pequena, Deus considera aquilo como seu holocausto. Enquanto um holocausto inteiro é dado a Deus, quando crentes vivem completamente pela Sua Palavra, mantêm uma comunhão direta e íntima com Ele e O adoram em espírito e em verdade, no caso do noviço na fé que só guarda o Sábado, Deus considerará aquilo como a oferta de uma pomba de pequeno valor e o levará ao caminho da salvação.

Entretanto, a oferta de comunhão não é uma oferta obrigatória, mas sim voluntária. É dada a Deus para que o homem receba respostas e bênçãos ao agradar a Deus. Se uma pomba de pequeno custo fosse dada, a oferta perderia o sentido e propósito como oferta especial. É por isso que pombas foram excluídas.

Suponha que uma pessoa quisesse fazer uma oferta em cumprimento a um voto, a um desejo profundo, ou para receber a cura de Deus para uma doença terminal ou incurável. Com que tipo de coração essa oferta deveria ser dada? Ela deve ser preparada com mais carinho e cuidado no coração do que as ofertas de gratidão dadas regularmente. Deus se alegrará mais se

Lhe oferecermos um novilho ou, dependendo das circunstâncias de cada pessoa, se Lhe oferecermos uma vaca, um cordeiro ou uma cabra. O valor de uma pomba, todavia, é insignificante.

Obviamente, não é que o "valor" de uma oferta dependa inteiramente do seu valor monetário. Quando uma pessoa prepara a oferta com um coração e mente cuidadosos, de acordo com suas próprias circunstâncias, Deus avalia o valor da oferta baseada no aroma espiritual contido nela.

3. Dando a Oferta de Comunhão

1) Colocando a Mão na Cabeça da Oferta de Comunhão e Matando-a na Entrada da Tenda do Encontro

Se a pessoa, que apresenta a oferta, coloca a mão na cabeça do animal na entrada da tenda do encontro, ela está imputando seus pecados ao animal. Quando ela dá uma oferta de comunhão colocando sua mão no animal, ela está separando-o como uma oferta a ser dada a Deus e, portanto, ungindo-o.

Para que nossas ofertas sobre as quais colocamos nossas mãos sejam agradáveis a Deus, não devemos determinar a quantidade segundo pensamentos carnais, mas sim segundo a inspiração do Espírito Santo. Só ofertas assim serão alegremente aceitas por Deus – separadas e ungidas.

Depois de pôr sua mão na cabeça da oferta, a pessoa mata o animal na porta da tenda do encontro. Nos tempos do Velho Testamento, só sacerdotes podiam entrar no Santuário e as pessoas matavam os animais na entrada da tenda do encontro.

No entanto, como o muro de pecado que ficava entre nós e Deus foi destruído por Jesus Cristo, hoje nós podemos entrar no santuário, adorar a Deus e ter comunhão direta e íntima com Ele.

2) Os Filhos de Aarão Derramam o Sangue no altar

Levítico 17:11 diz: "Pois a vida da carne está no sangue, e eu o dei a vocês para fazerem propiciação por vocês mesmos no altar; é o sangue que faz propiciação pela vida." Hebreus 9:22 também diz: "De fato, segundo a Lei, quase todas as coisas são purificadas com sangue, e sem derramamento de sangue não há perdão", e nos lembra que só pelo sangue é que podemos ser limpos. Com relação a dar ofertas de comunhão a Deus para uma comunhão espiritual íntima e direta com Ele, o derramar do sangue é necessário porque nós, que tínhamos nosso relacionamento com Deus rompido, nunca podemos ter paz com Ele, sem as obras do sangue de Jesus Cristo.

Os sacerdotes derramando o sangue no altar significa que, onde quer que nossos pés nos levem e seja qual forem as circunstâncias em que nos encontrarmos, a paz com Deus poderá sempre ser alcançada. Para simbolizar que Deus está sempre conosco, anda conosco e nos protege e abençoa aonde quer que vamos e em tudo o que fazemos, com quem quer que estejamos, o sangue é derramado no altar.

3) Do Sacrifício das Ofertas de Comunhão uma Oferta é Apresentada com Fogo ao SENHOR

Levítico 3 elabora sobre os métodos para se oferecer não apenas bois, mas também ovelhas e cabras como ofertas de comunhão. Como os métodos são muito parecidos, focaremos na oferta de bois como ofertas de comunhão. Em comparação com o holocausto, sabemos que todas as partes do animal ofertado e sem pele são dadas a Deus. O significado do holocausto é o culto espiritual de adoração e, como a adoração é totalmente oferecida somente a Deus, as ofertas eram completamente queimadas.

Na oferta de comunhão, entretanto, não são todas as partes que são dadas. Como lemos em Levítico 3:3b-4, "a gordura que cobre as vísceras e está ligada a elas, os dois rins com a gordura que os cobre e que está perto dos lombos, e o lóbulo do fígado, que ele removerá junto com os rins", a gordura que cobre partes importantes das vísceras do animal deve ser oferecida a Deus como aroma agradável. Dar a gordura de diferentes partes do animal significa que devemos estar em paz com Deus, onde quer que estejamos, independente das circunstâncias em que nos encontramos.

Estar em paz com Deus também requer que estejamos em paz com todas as pessoas e persigamos a santidade. Só quando estamos em paz com as pessoas é que nos tornamos perfeitos como filhos de Deus (Mateus 5:46-48).

Depois que a gordura a ser oferecida na oferta é removida, as porções reservadas aos sacerdotes são retiradas também. Lemos em Levítico 7:34: "Das ofertas de comunhão dos israelitas, tomei o peito que é movido ritualmente e a coxa que é ofertada, e os dei ao sacerdote Arão e a seus descendentes por decreto perpétuo para os israelitas." Assim como porções das ofertas de cereais eram reservadas para o sacerdote, porções das ofertas de comunhão que as pessoas dão a Deus são reservadas para a subsistência dos sacerdotes e levitas, sendo que ambos servem a Deus e a Seu povo.

É o mesmo nos tempos do Novo Testamento. Através das ofertas que os crentes dão a Deus, a obra de Deus pela salvação de almas é exercida e a subsistência dos servos do Senhor e obreiros da igreja é mantida. Depois de remover as porções de Deus e dos sacerdotes, o resto é consumido pela pessoa que ofertou – uma característica única da oferta de comunhão, que significa que Deus mostrará que a oferta foi digna de Seu deleite com provas, como respostas de orações e bênçãos.

1. O Estatuto Sobre a Gordura e o Sangue

Quando um animal era morto como oferta a Deus, o sacerdote derramava seu sangue no altar e todo o sebo e gordura pertenciam ao SENHOR – eram considerados como sagrados e oferecidos em fumaça no altar, como aroma agradável a Deus. As pessoas, nos tempos do Velho Testamento, não comiam sangue ou gordura, pois a gordura e o sangue estão relacionados à vida. O sangue representa a vida da carne e a gordura, como a essência do corpo, é também o mesmo que vida. A gordura facilita uma operação suave do nosso corpo e das atividades da vida.

Que significado espiritual tem a gordura?

"Gordura" significa em primeiro lugar o cuidado extremo de um coração perfeito. Dar a gordura em uma oferta com fogo significa que damos a Deus com tudo o que temos e somos. Refere-se a um cuidado extremo e um coração inteiro com o qual a pessoa oferece coisas a Deus, que são dignas de Sua aceitação. O conteúdo das ofertas de gratidão para se alcançar paz ao agradar a Deus ou se entregar a Ele em devoção são importantes, mas ainda mais importante é o tipo de coração e o grau de cuidado com o qual a oferta é dada. Se a pessoa que fez algo errado aos olhos de Deus está ofertando para ter comunhão com Ele, a oferta teria de ser feita com maior devoção e um coração mais perfeito.

Obviamente, o perdão de pecado requer a apresentação de ofertas por pecado ou por culpa. No entanto, há momentos em que a pessoa espera ir além e acima recebendo um simples perdão de pecados, sendo que fazer verdadeira paz com Deus, agradando-Lhe, seria melhor ainda. Por exemplo, quando uma criança faz algo errado que fere o coração de seu pai, o coração de seu pai pode se derreter e uma paz verdadeira pode ser alcançada, se ela se esforçar para agradar seu pai, em vez de simplesmente dizer que sente muito e receber o perdão por seus erros.

Além do mais, "a gordura" também se refere à oração e à plenitude do Espírito Santo. Em Mateus 25 vemos cinco virgens prudentes que levaram azeite em suas lâmpadas, e cinco virgens tolas que não tinham azeite e, portanto, não puderam entrar no casamento. Aqui, "azeite" espiritualmente significa oração e plenitude do Espírito Santo. Somente quando recebemos a plenitude do Espírito Santo por meio da oração e somos despertados é que podemos evitar ser manchados pelos desejos mundanos e conseguimos esperar pelo nosso Senhor, nosso noivo, depois de termos nos preparado como lindas noivas.

A oração deve acompanhar uma oferta de comunhão dada a Deus, a fim de agradar-Lhe e de se obter Suas respostas. Essa oração não deve ser por pura formalidade, ela deve ser oferecida de coração e com tudo o que temos e somos, assim como o suor de Jesus se tornou como gotas de sangue, caindo no chão, enquanto Ele orava no Getsêmani. Todo aquele que ora dessa maneira certamente lutará para se livrar do pecado, se santificará e receberá do alto a inspiração e a plenitude do Espírito Santo. Quando essa pessoa dá a Deus uma oferta de comunhão, Ele Se alegra e lhe responde.

A oferta de comunhão é uma oferta dada a Deus em completa confiança, para que possamos ter vidas preciosas em Sua companhia e sob a Sua proteção. Ao dar a Deus uma oferta de comunhão, devemos nos converter dos nossos caminhos que não Lhe agradam e fazer a oferta com todo o nosso coração e alegria, recebendo a plenitude do Espírito Santo, por meio da oração. Assim, ficaremos cheios de esperança pelo Céu e teremos vidas triunfantes, tendo feito paz com Deus. Espero que cada leitor sempre receba as respostas e bênçãos de Deus pela oração, na inspiração e plenitude do Espírito Santo; orando sempre com todo o seu coração, trazendo-Lhe ofertas de comunhão que Lhe sejam agradáveis.

Capítulo 6

A Oferta por Pecado

"Diga aos israelitas: Quando alguém pecar sem intenção, fazendo o que é proibido em qualquer dos mandamentos do Senhor, assim se fará: "Se for o sacerdote ungido que pecar, trazendo culpa sobre o povo, o sacerdote trará ao Senhor um novilho sem defeito como oferta pelo pecado que cometeu."

Levítico 4:2-3

1. O Significado e os Tipos de Oferta por Pecado

Pela nossa fé em Jesus Cristo e na obra de Seu sangue, fomos perdoados de todos os nossos pecados e alcançamos a salvação. Entretanto, para que nossa fé seja reconhecida como verdadeira, não devemos confessar só com os lábios, "eu creio", mas demonstrá-la em obras e em verdade. Quando, por meio de obras, damos a Deus evidência da nossa fé, Deus reconhece, vê a fé em nós e nos perdoa dos nossos pecados.

Como podemos receber o perdão de pecados pela fé? Obviamente, todo filho de Deus deve sempre andar na luz e nunca pecar. Contudo, se houver um muro de pecado entre Deus e o crente que cometera pecados, enquanto ainda não estava perfeito, ele precisa saber das soluções e aplicá-las. As soluções são encontradas na Palavra de Deus, a respeito da oferta por pecado.

A oferta por pecado é, como lemos, uma oferta dada a Deus como expiação pelos pecados que cometemos em nossas vidas, e o método varia de acordo com os deveres que temos e a medida da fé de cada um. Levítico 4 discute sobre as ofertas por pecado a serem oferecidas pelo sacerdote ungido, pela congregação inteira, por um líder e por pessoas comuns.

2. A Oferta por Pecado de um Sacerdote Ungido

Deus diz a Moisés em Levítico 4:2-3: "Diga aos israelitas: Quando alguém pecar sem intenção, fazendo o que é proibido em qualquer dos mandamentos do Senhor , assim se fará: "Se for o sacerdote ungido que pecar, trazendo culpa sobre o povo, o sacerdote trará ao Senhor um novilho sem defeito como oferta pelo pecado que cometeu."

Aqui, os "israelitas" espiritualmente se referem a todos os filhos de Deus. Uma pessoa "peca sem intenção, fazendo o que é proibido em qualquer dos mandamentos do Senhor" e sempre que a lei de Deus encontrada em Sua Palavra registrada nos 66 Livros da Bíblia é violada.

Quando um sacerdote – nos termos de hoje, um ministro que ensina e proclama a Palavra de Deus – viola a Sua lei, o salário do pecado alcança o próprio povo também. Como ele não ensinou seu rebanho de acordo com a verdade ou não viveu a verdade, seu pecado é grave; ainda que ele tenha cometido pecados sem saber, o fato continua sendo extremamente embaraçoso, já que o ministro não entendeu a vontade de Deus.

Por exemplo, se um ministro ensina a palavra da verdade incorretamente, seu rebanho irá crer em suas palavras, resistirá à vontade de Deus e toda a igreja construirá um muro de pecado diante de Deus. Ele nos disse: "Sede santos", "Abstenham-se de toda forma de maldade" e "Orai sem cessar". Agora, o que aconteceria se um ministro dissesse: "Jesus nos redimiu de todos os nossos pecados. Assim, seremos salvos desde que frequentemos a igreja"? Como Jesus nos diz em Mateus 15:14: "Se um cego conduzir outro cego, ambos cairão num buraco", o salário do pecado do ministro é grande, pois tanto ele como o rebanho se afastarão de Deus. Se, portanto, um sacerdote pecar "de modo a trazer culpa ao povo", ele deve oferecer a Deus uma oferta por pecado.

1) Um Novilho Sem Defeito Oferecido Como Oferta por Pecado

Quando um sacerdote ungido peca, ele "traz culpa sobre o povo" e ele deve saber que o salário de seus pecados é grande.

Em 1 Samuel 2-4, vemos o que acontece quando os filhos do sacerdote Eli pecam, ao tomar as ofertas que tinham sido apresentadas a Deus para seu próprio benefício. Quando Israel perdeu uma guerra contra os filisteus, os filhos de Eli morreram e 30.000 soldados de Israel perderam suas vidas. Chegando até mesmo a ter a Arca de Deus tomada, Israel como um todo se sujeitou a sofrimentos.

É por isso que a oferta de expiação tinha de ser a mais preciosa de todas: um novilho sem defeito. Dentre todas as ofertas, Deus aceita com mais alegria novilhos e cordeiros, sendo que o valor de novilhos é maior. Para a oferta por pecado, o sacerdote tinha de oferecer não simplesmente qualquer novilho, mas tinha de ser um novilho sem defeito. Isso espiritualmente quer dizer que as ofertas não podem ser dadas relutantemente ou sem alegria; cada oferta tem de ser um sacrifício vivo por completo.

2) Dando a Oferta

O sacerdote traz o novilho a ser oferecido como oferta por pecado à entrada da tenda do encontro diante do SENHOR; põe a mão no animal, mata-o, pega um pouco do sangue e o leva para a tenda do encontro. Mergulha seu dedo no sangue e o asperge sete vezes perante o SENHOR, em frente ao véu do Santuário (Levítico 4:4-6). O pôr a mão na cabeça do animal significa imputar os pecados do homem nele. Enquanto a pessoa que cometeu pecados deve ser submetida à morte, ao colocar a mão na cabeça do animal a ser ofertado, a pessoa recebe o perdão de seus pecados, imputando-os ao animal e depois matando-o.

O sacerdote, então, deve levar um pouco de sangue, mergulhar seu dedo nele e aspergi-lo no Santuário, dentro da tenda do encontro, em frente ao véu do Santuário. O "véu do santuário" é uma cortina grossa que separa o Santuário do Santo dos Santos.

Ofertas são geralmente dadas fora do Santuário, no altar no pátio do templo; todavia, o sacerdote entra no Santuário com o sangue da oferta por pecado e o asperge diante do véu do Santuário, bem em frente ao Santo dos Santos, onde Deus habita.

Mergulhar o dedo no sangue simboliza o ato de implorar por perdão. Simboliza que a pessoa não se arrepende só com os lábios ou votos, mas também produz frutos de arrependimento, livrando-se verdadeiramente do pecado e da maldade. Mergulhar o dedo no sangue e aspergi-lo "sete vezes" – "sete" sendo o número da perfeição no mundo espiritual – significa que a pessoa está se livrando completamente de seus pecados. Ela só pode receber perfeito perdão depois de se livrar totalmente de seus pecados e não pecar novamente.

O sacerdote também põe sangue nas pontas do incenso aromático diante do SENHOR, na tenda do encontro, e derrama todo o sangue na base do altar do holocausto, na entrada da tenda do encontro (Levítico 4:7). O altar do incenso aromático – o altar do incenso – é um altar preparado para queimar o incenso; quando o incenso era aceso, Deus o aceitava. Além disso, as pontas são chifres, e chifres na Bíblia representam um rei e sua dignidade e autoridade; referem-se ao Rei, nosso Deus (Apocalipse 5:6). Pôr o sangue nos chifres no altar do incenso aromático serve para mostrar que a oferta foi aceita por Deus, nosso Rei.

Agora, como hoje podemos nos arrepender de uma forma que Deus aceite? Foi mencionado mais cedo que o pecado e a maldade foram despojados pelo mergulhar do dedo no sangue da oferta por pecado e sua aspersão. Depois de refletirmos e nos arrependermos dos pecados, devemos ir ao santuário e confessar o pecado em oração. Assim como o sangue da oferta era posto nos chifres para que Deus o aceitasse, devemos vir diante da autoridade do nosso Deus, o Rei, e oferecer a Ele oração de arrependimento. Devemos ir ao santuário, ajoelhar e orar em nome de Jesus Cristo, em meio às obras do Espírito Santo, que permite que o espírito de arrependimento venha sobre nós.

Isso, no entanto, não é dizer que devemos esperar chegar ao santuário para nos arrependermos. No momento em que sabemos que erramos diante de Deus, devemos imediatamente nos arrepender e converter dos nossos maus caminhos. Aqui, ir ao santuário se refere ao Dia do Senhor, o Sábado.

Enquanto apenas sacerdotes ungidos podiam se comunicar com Deus, nos tempos do Velho Testamento e, como o Espírito Santo fez morada nos nossos corações, podemos hoje orar e ter comunhão direta e íntima com Deu, com as obras do Espírito Santo. A oração de arrependimento também pode ser oferecida sozinha, pelas obras do Espírito. Mantenha em mente, entretanto, que toda oração oferecida é plena, quando se guarda o Dia do Senhor.

A pessoa que não guarda o Dia do Senhor não tem provas de que, espiritualmente, é filha de Deus e não pode receber perdão, por mais que ofereça oração de arrependimento. O arrependimento, sem dúvida, só é aceito por Deus quando a pessoa oferece a oração de arrependimento, ao perceber que pecou, mas também formalmente oferece a oração novamente, no santuário de Deus, no Dia do Senhor.

Depois que o sangue é colocado nas pontas do altar do incenso aromático, todo o restante dele é derramado na base do altar do holocausto. Esse é um ato de oferecer o sangue totalmente a Deus, que é a vida da oferta e, espiritualmente, significa que nós nos arrependemos com um coração completamente devoto.

Receber o perdão de pecados cometidos contra Deus requer arrependimento oferecido com todo o nosso coração, mente, e nosso maior e mais sincero esforço. Todo o que der a Deus verdadeiro arrependimento não ousará cometer o mesmo pecado novamente diante Dele.

Depois, o sacerdote tira toda a gordura do novilho da oferta por pecado e a oferece em fumaça no altar do holocausto, mesmo procedimento usado na oferta de comunhão, e o leva para fora do acampamento, onde as cinzas são lançadas, queima a carne do novilho com sua cabeça, pernas e vísceras (Levítico 4:8-12). "Queimar" significa que, na verdade, o eu da pessoa é destruído e somente a verdade sobrevive.

Assim como a gordura da oferta de comunhão é removida, a gordura da oferta por pecado também é removida e queimada, ou oferecida em fumaça, no altar. Oferecer a gordura do novilho em fumaça no altar nos diz simplesmente que o arrependimento oferecido, com todo o nosso coração, mente e extrema vontade, será aceito diante de Deus.

Enquanto todas as partes da oferta do holocausto são queimadas no altar, na oferta por pecado, todas as partes, exceto a gordura e os rins, são queimadas na lenha, fora do acampamento onde as cinzas são lançadas. Por que isso?

Como o holocausto é um culto de adoração espiritual que tem o objetivo de agradar a Deus e alcançar comunhão com Ele, ele é queimado no altar do templo. Entretanto, como a oferta por pecado é para nos redimir de pecados sujos, ela não pode ser oferecida no altar de dentro do templo e é completamente queimada em um lugar longe de onde as pessoas vivem.

Até hoje, devemos lutar para nos livrarmos completamente

dos pecados, dos quais nos arrependemos diante de Deus. Devemos queimar com o fogo do Espírito Santo toda arrogância, orgulho, o velho eu dos tempos do mundo, os atos do corpo pecaminoso que são inadequados diante de Deus, e coisas do tipo. O sacrifício oferecido em fumaça – o novilho – recebeu sobre si os pecados da pessoa que pôs a mão em sua cabeça. Portanto, dali em diante a pessoa deve ser um sacrifício vivo com o qual Deus Se alegra.

Para esse fim, o que devemos fazer hoje?

O significado espiritual das características de um novilho a ser oferecido e o de Jesus, que morreu para nos redimir do pecado, foi explicado anteriormente. Logo, se nos arrependemos e queimamos todas as partes da oferta, dali em diante, assim como uma oferta dada a Deus, devemos ser transformados da mesma forma como o nosso Senhor Se fez uma oferta por pecado. Diligentemente, servindo os membros da igreja em nome do nosso Senhor, devemos permitir que os crentes descarreguem seus fardos e recebam somente coisas boas e verdadeiras. Devotando-nos e auxiliando os membros da nossa igreja a cultivarem seus corações em lágrimas, perseverança e oração, devemos transformar nossos irmãos e irmãs em verdadeiros e santos filhos de Deus. Deus então considerará o arrependimento como verdadeiro e nos guiará ao caminho de bênçãos.

Embora possamos não ser ministros, como lemos em 1 Pedro 2:9, "Vocês, porém, são geração eleita, sacerdócio real, nação santa, povo exclusivo de Deus", todos nós que cremos no Senhor devemos nos tornar perfeitos como os sacerdotes e ser verdadeiros filhos de Deus.

Além disso, uma oferta dada a Deus deve ser acompanhada de arrependimento, quando ela for para a remissão de pecados. Qualquer que se arrepende profundamente de seus erros será naturalmente levado a ofertar e, quando essas obras são acompanhadas, esse tipo de coração pode ser considerado como o que quer total arrependimento diante de Deus.

3. A Oferta por Pecado de Toda a Congregação

""Se for toda a comunidade de Israel que pecar sem intenção, fazendo o que é proibido por qualquer dos mandamentos do Senhor, ainda que não tenha consciência disso, a comunidade será culpada. Quando tiver consciência do pecado que cometeu, a comunidade trará um novilho como oferta pelo pecado e o apresentará diante da Tenda do Encontro." (Levítico 4:13-14).

Nos termos de hoje, "o pecado de toda a comunidade" se refere ao pecado de toda uma igreja. Por exemplo, há vezes em que facções se formam na igreja entre ministros, anciãos, diaconisas seniores e atrapalham toda a congregação. Uma vez que facções criam conflitos, então a igreja como um todo acaba pecando e criando um alto muro de pecado diante de Deus, já que a maioria dos membros é influenciada pelas contendas e começa a tomar partido, falando mal, uns dos outros.

O próprio Deus falou para amarmos nossos inimigos, servir os outros, nos humilharmos e ficarmos em paz com todas as pessoas, buscando a santidade. Como é embaraçoso e pesaroso para Deus ter servos do Senhor e seus rebanhos em discórdia ou ter irmãos em Cristo se opondo entre si? Se tais incidentes acontecem em uma igreja, esta não receberá a proteção de Deus; não haverá avivamento e dificuldades virão sobre os lares e negócios dos membros.

Como podemos receber perdão de um pecado de toda uma comunidade? Quando o pecado de toda uma congregação se faz conhecido, deve-se levar um novilho diante da tenda do encontro. Os anciãos ou as autoridades da comunidade colocam suas mãos na cabeça do animal a ser ofertado e o matam diante do SENHOR, oferecendo-o a Deus, da mesma maneira que a oferta por pecado do sacerdote é oferecida. Os sacrifícios da oferta por pecado do sacerdote e o da oferta por pecado de toda a congregação são idênticos em valor e preciosidade. Isso quer dizer que, aos olhos de Deus, o peso do pecado cometido pelos sacerdotes e pela congregação como um todo é o mesmo.

Todavia, enquanto o sacrifício numa oferta por pecado do sacerdote deve ser um novilho sem defeito, o sacrifício na oferta por pecado de toda a congregação simplesmente precisa ser um novilho. Isso é porque não é fácil que toda a congregação seja um coração e faça uma oferta com alegria e gratidão.

Quando uma igreja, como um todo, hoje peca e deseja se arrepender, é possível que dentre seus membros haja pessoas sem fé, ou pessoas que se recusam a se arrepender com desconforto em seus corações. Uma vez que não é fácil para toda a congregação dar a Deus uma oferta sem defeito, Deus mostrou Sua misericórdia a esse respeito. Ainda que poucas pessoas não consigam dar a oferta com um coração inteiro, quando a maioria dos membros da igreja se arrepende e se converte de seus maus caminhos, Deus recebe a oferta por pecado e perdoa.

Como nem todos os membros da congregação são capazes de colocar a sua mão sobre a cabeça do ofertante, os anciãos da congregação, em nome da congregação, colocam suas mãos quando toda a congregação entrega a Deus o sacrifício pelo pecado.

O resto dos procedimentos é idêntico à oferta sobre o pecado do sacerdote em todos os passos o sacerdote mergulha o dedo no sangue da oferta, molhando-o sete vezes diante do véu do santuário, colocando um pouco do sangue nas pontas do altar do incenso aromático, e queimando o resto das partes da oferta fora do acampamento. O significado espiritual desses procedimentos é abandonar completamente o pecado. Devemos também oferecer a oração de arrependimento em nome de Jesus Cristo e pelas obras do Espírito Santo no santuário de Deus, de modo que o arrependimento é formalmente aceito. Depois de toda a congregação se arrepender com um só coração dessa maneira, o pecado nunca deve ser repetido.

4. Oferta de um líder em pecado

Em Levítico 4:22-24, lemos:

"Quando um príncipe pecar, e por ignorância proceder contra algum dos mandamentos do Senhor seu Deus, naquilo que não se deve fazer, e assim for culpado; Ou se o pecado que cometeu lhe for notificado, então trará pela sua oferta um bode tirado das cabras, macho sem defeito; E porá a sua mão sobre a cabeça do bode, e o degolará no lugar onde se degola o holocausto, perante a face do Senhor; expiação do pecado é."

Embora menor na classificação de sacerdotes, "líderes" estão em uma posição de orientação e em uma classe diferente do que as pessoas comuns. Portanto, os líderes oferecem bodes a Deus. É menos do que touros masculinos oferecidos pelos sacerdotes, mas maior do que cabras oferecidos por pessoas comuns, como oferta pelo pecado.

Em termos atuais, "líderes" dentro de uma igreja são da equipe ou de células líderes ou professores da escola dominical. Os líderes são aqueles que servem em posições de orientação para os membros da igreja. Ao contrário dos membros leigos ou novatos na fé, eles foram separados diante de Deus e, como tal, mesmo que os mesmos pecados tenham sido cometidos, os líderes devem dar a Deus maior fruto de arrependimento.

No passado, o líder colocava sua mão sobre a cabeça do bode, sem defeito imputando os seus pecados para o bode e, em seguida, ele o sacrificava diante de Deus. O líder recebe o perdão quando o sacerdote mergulha o dedo no sangue, coloca sobre as pontas do altar do holocausto, e derrama o resto do sangue da oferta, na base do altar do holocausto. Como no caso com a oferta de paz, a gordura da oferta é oferecida em fumaça sobre o altar.

Ao contrário do sacerdote, um líder não molha o sangue da oferta sete vezes na frente do véu do santuário; quando ele demonstra o seu arrependimento ele colocava o sangue nos chifres do altar do holocausto, e Deus aceitava. Isto é porque a medida da fé difere da de um sacerdote à de um líder. Como o sacerdote nunca ia pecar novamente depois de arrepender-se, ele tinha de aspergir o sangue do sacrifício sete vezes, o número perfeito em sentido espiritual.

Um líder, no entanto, pode, inconscientemente, pecar e por essa razão ele não é ordenado para borrifar o sangue da oferta sete vezes. Este é um sinal do amor e da misericórdia de Deus, que quer receber o arrependimento de cada pessoa de acordo com seu nível de fé e dar o perdão. Até agora em discutir a oferta pelo pecado, "um sacerdote" tem sido referido como "ministro" e "líder" como "um trabalhador em uma posição de liderança." No entanto, essas referências não se limitam apenas aos deveres dados por Deus dentro de uma igreja, mas também se referem à medida da fé de cada cristão.

Um ministro deve ser santificado pela fé e, em seguida, confiado a guiar um rebanho de cristãos. É natural que a fé de alguém em uma posição de orientação, como equipe ou líder de célula ou professor de escola dominical, esteja em um nível diferente do que a de um cristão comum, mesmo que ele ainda não tenha atingido a santidade perfeita. Como o nível de fé difere da de um ministro para a de um líder para um cristão comum, o significado do pecado e do nível de arrependimento que Deus procura aceitar são diferentes, mesmo que todos eles tenham cometido um pecado idêntico.

Isso não quer dizer que é admissível que um crente a pensar: 'Desde que a minha fé ainda não seja perfeita, Deus vai me dar outra chance, mesmo se eu pecar mais tarde', e assim me arrepender com coração. O perdão de Deus através do arrependimento não será recebido quando uma pessoa consciente e voluntariamente comete pecado, mas quando uma pessoa pecava inconscientemente e percebe mais tarde que ele havia pecado e pede perdão em conformidade. Além disso, uma vez que ele tenha cometido um pecado e se arrependa disso, Deus irá aceitar o arrependimento só quando ele o faz com todos os esforços com fervorosa oração para nunca mais cometer o mesmo pecado novamente.

5. A Oferta do pecado de pessoas comuns

"pessoas comuns" são pessoas de pouca fé, ou membros comuns da igreja. Quando as pessoas comuns cometem pecados, eles o fazem a partir do estado de pouca fé e, portanto, o peso de sua oferta pelo pecado é menor que a de um sacerdote ou de um do líder. Uma pessoa comum oferecia a Deus como uma oferta de pecado uma cabra, que é menor em importância do que um bode, sem defeito. Como é o caso com a oferta pelo pecado feita por um sacerdote ou um líder, o sacerdote molhará o dedo no sangue da oferta de sacrifício pelo pecado de uma pessoa comum, e o colocará sobre as pontas do altar do holocausto, e despejar fora o resto no altar.

Enquanto exista uma probabilidade de que uma pessoa comum possa pecar novamente mais tarde por conta de sua pouca fé, se ele se arrepende e rasga seu coração em arrependimento após cometer pecados, Deus vai mostrar compaixão e perdoa-lhe. Além disso, da mesma forma que Deus ordenou que fosse oferecido "uma cabra ', podemos dizer que os pecados cometidos a este nível são mais fáceis de ser perdoados do que os pecados pelos quais um bode ou um cordeiro precisasse ser oferecido". Isso não significa que Deus permite o arrependimento moderado; deve-se oferecer a Deus o verdadeiro arrependimento, decidindo nunca mais pecar.

Quando uma pessoa com pouca fé reconhece e se arrepende de seus pecados e faz todos os esforços para não cometer os mesmos pecados novamente, a frequência com que pode pecar vai reduzir de dez vezes para cinco e para três, e ele acabará por ser capaz de lançá-lo fora completamente. Deus aceita o arrependimento que é acompanhado por frutos. Ele não aceita o arrependimento até mesmo de um cristão novo na fé que o arrependimento consiste apenas da boca para fora, sem vir do coração.

Deus se alegrará e adorar com um novo na fé, que imediatamente se arrepende de seus pecados sempre que os reconhece e diligentemente lança-os fora. Em vez de assegurá-lo a si mesmo: "Este é o lugar onde minha fé está então isso é suficiente para mim", não só em arrependimento, mas também em oração, adoração, e todos os outros aspectos da vida em Cristo, quando se esforça para ir acima e além de suas próprias capacidades, ele estará sujeito ao ainda mais transbordante do amor e das bênçãos de Deus.

Quando não podia se dar ao luxo de dar uma cabra e, portanto, da um cordeiro, o cordeiro também precisava ser fêmea sem defeito (Levítico 4:32). O pobre entregava duas rolas ou dois pombinhos, e os mais pobres ainda davam uma pequena quantidade de farinha (Levítico 05:07, 11). O Deus de justiça, portanto, classificava e aceitava ofertas pelo pecado de acordo com a medida da fé de cada indivíduo.

Temos até agora discutido como fazer expiação e paz com Deus, examinando as ofertas pelo pecado lhe dada por pessoas em diferentes posições e com diferentes funções. Espero que cada leitor encontre a paz com Deus, por sempre inspecionar o próprio dever dado por Deus e o estado de sua fé, bem como completamente arrependendo-se de todas as falhas e pecados sempre que uma parede do pecado for encontrada em seu caminho para Deus.

Capítulo 7

A Oferta por Culpa

"Quando alguém cometer um erro, pecando sem intenção em qualquer coisa consagrada ao Senhor, trará ao Senhor um carneiro do rebanho, sem defeito, avaliado em prata com base no peso padrão do santuário, como oferta pela culpa."

Levítico 5:15

1. O Significado da Oferta por Culpa

A oferta por culpa é apresentada a Deus para fazer reparação por um pecado cometido. Quando o povo de Deus peca contra Ele, deve oferecer-Lhe uma oferta por culpa e se arrepender. Dependendo do tipo de pecado, entretanto, a pessoa que pecou precisa não apenas se converter dos caminhos pecaminosos em seu coração, mas também assumir a responsabilidade por seus erros.

Por exemplo, a pessoa pegou uma coisa emprestada com um amigo e, por acidente, a danificou. Aqui, a pessoa não pode simplesmente dizer: "desculpe". Ela não deve apenas se desculpar, mas também reembolsar o amigo pelo item que ela destruiu, pagando-lhe o valor do prejuízo. Isso é verdadeiro arrependimento.

Dar uma oferta por culpa representa criar paz por restituição ou assumir a responsabilidade pelos erros. O mesmo se aplica ao arrependimento diante de Deus. Assim como precisamos compensar pelo prejuízo que causamos aos nossos irmãos em Cristo, devemos demonstrar a Ele atos de arrependimento, para que este seja completo.

2. As Circunstâncias e Formas de Apresentar a Oferta por Culpa

1) Ao Dar Falso Testemunho

Levítico 5:1 nos diz: "Se alguém pecar porque, tendo sido testemunha de algo que viu ou soube, não o declarou, sofrerá as consequências da sua iniquidade." Há momentos em que as pessoas, mesmo jurando dizer a verdade, dão falso testemunho, quando seus interesses estão em jogo.

Por exemplo, suponha que seu próprio filho tenha cometido um crime e uma pessoa inocente tenha sido acusada injustamente. Se você fosse testemunha, você acha que poderia dar um testemunho preciso? Se você se mantivesse em silêncio para proteger o seu filho, prejudicando assim outras pessoas, pode ser até que as pessoas não saibam da verdade, mas Deus vê tudo. Portanto, a testemunha deve dizer exatamente o que viu e ouviu para garantir que em um julgamento ninguém sofra injustiça.

É o mesmo no nosso dia a dia. Muitas pessoas não conseguem transmitir exatamente o que viram ou ouviram e, em seus próprios julgamentos, se apoiam em informações incorretas. Outras dão falso testemunho, inventando histórias como se tivessem visto algo, quando na verdade não viram. Devido a seus falsos testemunhos, pessoas inocentes são acusadas de crimes que não cometeram e sofrem injustiça. Vemos em Tiago 4:17: "Portanto, pensem nisto: Quem sabe que deve fazer o bem e não o faz comete pecado." Os filhos de Deus que conhecem a verdade devem discernir as coisas por meio dela e dar testemunho correto, para que ninguém se ache em dificuldades ou seja prejudicado.

Se verdade e bondade fizerem morada em nossos corações, sempre falaremos a verdade sobre tudo. Não falaremos mal nem culparemos as pessoas, muito menos distorceremos a verdade ou daremos respostas irrelevantes. Se alguém prejudicou outras pessoas por omissão ou falso testemunho, a pessoa deve apresentar uma oferta por culpa a Deus.

2) Ao Ter Tido Contato com Coisas Impuras
Lemos em Levítico 5:2-3:

"Se alguém tocar qualquer coisa impura — seja um cadáver de animal selvagem, seja de animal do rebanho, seja de uma das pequenas criaturas que povoam a terra —, ainda que não tenha consciência disso, ele se tornará impuro e será culpado. "Se alguém tocar impureza humana ou qualquer coisa que o torne impuro sem ter consciência disso, será culpado quando o souber.

Aqui, "qualquer coisa impura" espiritualmente se refere a todo comportamento nascido da inverdade ou contrário à verdade. Isso engloba tudo visto, ouvido ou falado, assim como coisas sentidas pelo corpo e pelo coração. Há coisas que não considerávamos pecado antes de conhecer a verdade. Depois de vir para a verdade, entretanto, começamos a considerar as mesmas coisas como inapropriadas aos olhos de Deus. Por exemplo, quando não conhecíamos a Deus, poderíamos nos deparar com violência e materiais obscenos como pornografia, mas não nos dávamos conta de que tais coisas eram impuras. No entanto, depois que começamos nossas vidas em Cristo, aprendemos que tais coisas vão de encontro à verdade. Quando nos damos conta de que as coisas que fizemos são consideradas impuras, quando medidas com o padrão da verdade, devemos nos arrepender e apresentar a Deus ofertas por culpa.

Até mesmo em nossas vidas em Cristo, há vezes em que vemos e ouvimos coisas sem ter a intenção. Seria bom se pudéssemos guardar nossos corações, mesmo depois de ver ou ouvir coisas assim, no entanto, como há uma possibilidade de que um crente não consiga guardar seu coração e aceite sentimentos que acompanham essas coisas impuras, ele deve se arrepender imediatamente, ao reconhecer seu pecado, e oferecer a Deus uma oferta por culpa.

3) Ao Ter Jurado

Levítico 5:4 diz,: "Se alguém impensadamente jurar fazer algo bom ou mau em qualquer assunto que possa jurar descuidadamente, ainda que não tenha consciência disso, será culpado quando o souber." Deus nos proibiu de jurar "fazer o bem ou o mal".

Por que Deus nos proíbe de jurar, fazer votos, ou fazer juramentos? É natural que Deus nos proíba de jurar "fazer o mal", mas Ele também nos proíbe de jurar "fazer o bem", pois o homem é incapaz de cumprir 100% do que ele jura (Mateus 5:33-37; Tiago 5:12). Até que ele seja aperfeiçoado pela verdade, o coração do homem pode balançar de acordo com seus próprios interesses e emoções, e não cumpre o que foi jurado. Além do mais, há vezes em que o inimigo, o diabo e Satanás interferem nas vidas dos crentes e os impedem de cumprir seus votos, para obter meios de acusá-los. Considere esse exemplo extremo: suponha que alguém tenha jurado: "Farei tal e tal coisa amanhã", mas morra hoje de repente. Como poderia essa pessoa cumprir seu juramento?

Por essa razão, a pessoa nunca deve jurar fazer o mal e, mesmo que ela jure fazer o bem, em vez de jurar, ela deve orar a Deus e buscar forças. Por exemplo, se essa mesma pessoa fizesse o voto de orar sem cessar, em vez de fazer o voto dizendo: "virei à vigília de oração todos os dias", ela deve orar: "Deus por favor, me ajude a orar sem cessar e me livre da interferência do inimigo – o diabo e Satanás." Se alguém jurar impensadamente, a pessoa deve se arrepender e dar a Deus uma oferta por culpa.

Se houver pecado em qualquer das três circunstâncias acima, a pessoa "trará ao Senhor uma ovelha ou uma cabra do rebanho como oferta de reparação; e em favor do culpado o sacerdote fará propiciação pelo pecado" (Levítico 5:6).

Aqui, o apresentar de uma oferta por pecado é ordenado junto com a explicação da oferta por culpa. Isso é porque ofertas por pecados também devem ser dadas pelos mesmos pecados pelos quais as ofertas por culpa são apresentadas. Uma oferta por culpa, como explicado anteriormente, é se arrepender diante de Deus e se converter completamente do pecado cometido. No entanto, é também explicado que, quando um pecado não apenas requer a conversão do coração da pessoa, mas também que ela assuma responsabilidade, a oferta por culpa faz seu arrependimento perfeito, quando ela repara o prejuízo do outro ou assume a responsabilidade com determinadas atitudes.

Nessas circunstâncias, a pessoa não deve apenas fazer a reparação, mas também deve oferecer a Deus uma oferta por culpa, acompanhada de uma oferta por pecado, ao se arrepender diante de Deus. Ainda que a pessoa tenha pecado contra outra pessoa, uma vez que ela cometeu um pecado que não deveria ter cometido como filha de Deus, ela deve se arrepender diante de Seu Pai celestial.

Suponha que um homem tenha enganado sua irmã e tomado

posse de uma propriedade que pertencia a ela. Se esse irmão quiser se arrepender, ele deve primeiro render seu coração em arrependimento diante de Deus e se livrar da ganância e do engano. Então, ele deve receber o perdão de sua irmã, contra quem fez algo errado. Agora, ele deve não apenas se desculpar com os lábios, mas também deve reparar o prejuízo que sua irmã sofreu por causa de suas ações. Aqui, a "oferta por pecado" do homem é o ato de se converter de seus caminhos pecaminosos e se arrepender diante de Deus, e sua "oferta por culpa" é o ato de arrepender-se e buscar o perdão de sua irmã e também fazer a restituição de sua perda.

Em Levítico 5:6, Deus ordena que, ao oferecer a oferta por pecado que acompanha a oferta por culpa, seja oferecida uma cabra ou uma ovelha. No versículo seguinte, lemos que qualquer que não tem recursos para oferecer uma ovelha ou cabra, deve oferecer dois pombinhos ou duas rolinhas como oferta por culpa. Mantenha em mente que dois pássaros são oferecidos. Um é dado como oferta por pecado e o outro como oferta por culpa.

Por que Deus ordenou que um holocausto fosse oferecido ao mesmo tempo que uma oferta por pecado, com duas pombas ou duas rolinhas? O holocausto significa guardar o Sábado. Na adoração espiritual, é a oferta do culto rendido a Deus aos domingos. Portanto, a oferta de dois pombinhos ou duas rolinhas como oferta por pecado, juntamente com um holocausto, nos diz que o arrependimento do homem é perfeito, quando ele guarda o Dia do Senhor. Perfeito arrependimento não é só o arrependimento da pessoa quando ela percebe que pecou, mas é também sua confissão e arrependimento no santuário de Deus, no Dia do Senhor.

Se a pessoa é tão pobre que não consegue oferecer nem mesmo duas rolinhas ou pombinhos, ela deve oferecer a Deus um jarro (aproximadamente 22 litros) da melhor farinha como oferta. A oferta por pecado deve ser feita com um animal, já que é um sacrifício para perdão. Mas, em Sua misericórdia, Deus permitiu que os pobres, que não tinham condições de Lhe apresentar um animal, oferecessem farinha, para que pudessem receber o perdão de seus pecados.

Há uma diferença entre a oferta por pecado dada com farinha e a oferta de cereais dada com farinha. Enquanto óleo e incenso eram misturados à oferta de cereais, para fazê-la aromática e de melhor aparência, nenhum óleo ou incenso era adicionado à oferta por pecado. Por quê? Botar fogo numa oferta de propiciação carrega o mesmo significado de botar fogo no pecado de alguém.

O fato de que nem óleo nem incenso são adicionados à farinha, quando visto espiritualmente, nos fala sobre a atitude que o homem deve ter, ao ir diante de Deus para se arrepender. 1 Reis 21:27 nos diz que, quando o Rei Acabe se arrependeu diante de Deus, ele "rasgou as suas vestes, vestiu-se de pano de saco e jejuou. Passou a dormir sobre panos de saco e agia com mansidão." Quando uma pessoa rende seu coração em arrependimento, ela naturalmente passa a se comportar bem, exercer domínio próprio e a se humilhar. Ela tem mais cuidado com o que fala e com a forma com que se conduz, e demonstra a Deus que está fazendo de tudo para ter uma vida de contenção.

4) Ao Ter Pecado em Coisas Sagradas ou Feito Mal a Irmãos em Cristo

Em Levítico 5:15-16 lemos:

"Quando alguém cometer um erro, pecando sem intenção em qualquer coisa consagrada ao Senhor, trará ao Senhor um carneiro do rebanho, sem defeito, avaliado em prata com base no peso padrão do santuário, como oferta pela culpa. Fará restituição pelo que deixou de fazer em relação às coisas consagradas, acrescentará um quinto do valor e o entregará ao sacerdote. Este fará propiciação pelo culpado com o carneiro da oferta pela culpa, e ele será perdoado.

"Qualquer coisa consagrada ao Senhor" se refere ao santuário de Deus e a todos os artigos dentro do santuário. Nem mesmo um ministro ou alguém que tenha ofertado, pode levar, usar ou vender como bem entender, as coisas ou qualquer item, que foi separado para Deus e que é, portanto, considerado sagrado. Além disso, coisas que devemos ter como sagradas são limitadas não apenas a "coisas sagradas", mas também se aplica ao santuário inteiro. Um santuário é um lugar onde Deus separou e onde Ele colocou o Seu nome.

Nenhuma palavra mundana, ou não verdadeira, deve ser pronunciada no santuário. Os crentes, que são pais, devem ensinar seus filhos, para que não corram, brinquem, façam barulho, façam bagunça ou danifiquem qualquer coisa santa no santuário.

Se as coisas santas de Deus forem destruídas por acidente, a pessoa que destruiu o artigo deve substituí-lo por um melhor, mais perfeito e sem defeito. Além do mais, a restituição não deve ser na quantia ou no valor do artigo danificado, mas deve ter uma "quinta parte" extra, como uma oferta por culpa. Deus ordenou que fosse assim para nos lembrar de nos comportarmos de forma aceitável e com domínio próprio. Sempre que entramos em contato com coisas santas, devemos sempre ter cautela e contenção, para que não as usemos incorretamente ou danifiquemos coisas que são de Deus. Se danificarmos alguma coisa por causa de falta de cuidado, devemos nos arrepender do fundo do nosso coração e fazer a restituição com uma quantia maior do que o valor do artigo danificado.

Levítico 6:2-5 nos fala de como um indivíduo pode receber perdão de pecados de ter "enganado o seu próximo no que diz respeito a algo que lhe foi confiado ou deixado como penhor ou roubado, ou se lhe extorquir algo," de ter "achado algum bem perdido e mentido a respeito disso, ou de ter jurado falsamente a respeito de qualquer coisa." Trata-se de uma maneira de se arrepender de erros cometidos antes de a pessoa crer em Deus, e de se arrepender e receber perdão ao se dar conta de que, inconscientemente, ficou com algo que pertencia a outra pessoa.

Para se fazer propiciação para tais pecados, deve-se devolver o artigo ao dono original, juntamente com um quinto do valor do mesmo. Aqui, "um quinto" não necessariamente quer dizer que a porção deva ser determinada numericamente, mas quer dizer também que, quando a pessoa demonstra obras de arrependimento, elas devem vir do fundo de seu coração. Então Deus lhe perdoará seus pecados. Por exemplo, há vezes em que nem todos os erros do passado podem ser individualmente contados e retribuídos precisamente. Nesses casos, tudo o que a pessoa precisa fazer é demonstrar obras de arrependimento dali em diante. Com o dinheiro que ela ganha no trabalho ou em seus negócios, ela pode dar diligentemente para o reino de Deus ou promover alívio financeiro a necessitados. Quando ela constrói essas obras de arrependimento, Deus reconhece seu coração e lhe perdoa seus pecados.

Por favor, mantenha em mente que o arrependimento é o ingrediente mais importante em uma oferta por culpa ou por pecado. Deus não deseja de nós um bezerro gordo, mas um espírito contrito (Salmo 51:17). Portanto, ao adorar a Deus, devemos nos arrepender do pecado e da maldade do fundo do coração e produzir frutos que correspondam ao nosso arrependimento. Espero que você sempre ande em meio ao abundante amor e bênçãos de Deus, enquanto oferece a Ele adoração e ofertas, de forma que sejam agradáveis a Ele; e que a sua vida seja um sacrifício vivo e aceitável a Deus.

Capítulo 8

Apresente Seu Corpo Como Sacrifício Vivo e Santo

"Portanto, irmãos, rogo pelas misericórdias de Deus que se ofereçam em sacrifício vivo, santo e agradável a Deus; este é o culto racional de vocês."

Romanos 12:1

1. Os Mil Holocaustos de Salomão e Bênçãos

Salomão assumiu o trono na era dos 20. Fora educado na fé pelo profeta Natã desde jovem, amava a Deus e observava os estatutos de seu pai, o Rei Davi. Depois de ascender ao trono, Salomão ofereceu a Deus mil holocaustos.

Oferecer mil holocaustos jamais seria uma tarefa fácil. Havia muitas restrições quanto ao local, hora, conteúdos das ofertas e todos os métodos, para que elas fossem apresentadas. Além disso, diferente de pessoas ordinárias, o Rei Salomão requisitou um lugar mais amplo, já que tinha muitas pessoas que o acompanhavam e também um número maior de ofertas para fazer. Em 2 Crônicas 1:2-3 lemos: "Salomão falou a todo o Israel: os líderes de mil e de cem, os juízes, todos os líderes de Israel e os chefes de famílias. Depois o rei foi com toda a assembleia ao lugar sagrado, no alto de Gibeom, pois ali estava a Tenda do Encontro que Moisés, servo do Senhor , havia feito no deserto." Salomão foi a Gibeom porque a tenda do encontro de Deus, a qual Moisés havia construído no deserto, estava lá.

Com toda a assembleia, Salomão foi para diante do SENHOR no altar de bronze que ficava na tenda do encontro e ofereceu a Ele mil holocaustos. Foi explicado anteriormente que um holocausto é ofertar a Deus um aroma resultante da queima do animal ofertado, e que, uma vez que se oferece a Deus uma vida, significa completo sacrifício e devoção.

Naquela noite, Deus apareceu a Salomão em um sonho e lhe

disse: "Peça-me o que quiser, e eu darei a você" (2 Crônicas 1:7). Salomão respondeu,

"Tu foste muito bondoso para com meu pai Davi e me fizeste rei em seu lugar. Agora, Senhor Deus, que se confirme a tua promessa a meu pai Davi, pois me fizeste rei sobre um povo tão numeroso quanto o pó da terra. Dá-me sabedoria e conhecimento, para que eu possa liderar esta nação, pois quem pode governar este teu grande povo?" (2 Crônicas 1:8-10).

Salomão não pediu riquezas, dinheiro, honra, a vida de seus inimigos ou uma vida longa. Ele só pediu sabedoria e conhecimento, para que pudesse liderar sua nação. Deus Se alegrou com a resposta de Salomão e deu ao rei não somente a sabedoria e conhecimento que ele pedira, mas também riquezas, bens e honra, coisas que ele não havia pedido.

Deus disse a Salomão: "você receberá o que pediu, mas também lhe darei riquezas, bens e honra, como nenhum rei antes de você teve e nenhum depois de você terá" (v. 12).

Quando apresentamos a Deus um culto espiritual de adoração da maneira que Lhe agrada, Ele nos abençoa de todas as formas, fazendo-nos prosperar e ter saúde, já que a nossa alma vai bem.

2. Da Era do Tabernáculo à Era do Templo

Depois de unificar seu reino e criar estabilidade, havia ainda uma coisa que perturbava o coração do Rei Davi, pai de Salomão:

o Templo de Deus ainda não tinha sido construído. Davi ficava triste em saber que a Arca de Deus ficava numa tenda de cortinas, enquanto ele morava em um palácio feito de cedros, e resolveu então construir um templo. Contudo, Deus não permitiu que assim o fizesse, pois Davi tinha derramado muito sangue em batalhas e não seria, portanto, inadequado para construir o templo santo de Deus.

Mas veio a mim esta palavra do Senhor: 'Você matou muita gente e empreendeu muitas guerras. Por isso não construirá um templo em honra ao meu nome, pois derramou muito sangue na terra, diante de mim. (1 Crônicas 22:8).

Mas Deus me disse: 'Você não construirá um templo em honra ao meu nome, pois você é um guerreiro e matou muita gente'. (1 Crônicas 28:3).

Embora o Rei Davi não pudesse realizar seu sonho de construir o Templo, em gratidão ele obedeceu à Palavra de Deus. Ele também preparou ouro, prata, bronze, pedras preciosas e cedros – materiais necessários para a construção do templo – para que o próximo rei pudesse construí-lo.

Em seu quarto ano de reinado, Salomão fez o voto de defender a vontade de Deus e construir o Templo. Ele começou o projeto da construção no Monte Moriah em Jerusalém e o completou em sete anos. Quatrocentos e oitenta anos depois que o povo de Israel saiu do Egito, o Templo de Deus estava pronto. Salomão fez com que a Arca do Testemunho (Arca da Aliança) e todos as outras coisas sagradas fossem levadas para o Templo.

Quando os sacerdotes trouxeram a Arca do Testemunho para o Santo dos Santos, a glória de Deus encheu a casa, de forma "que os sacerdotes não podiam desempenhar o seu serviço, pois a glória do Senhor encheu o seu templo" (1 Reis 8:11). Portanto, acabou a Era do Tabernáculo e começou a Era do Templo.

Em sua oração oferecendo o Templo a Deus, Salomão Lhe implora que perdoe Seu povo, quando eles se virarem em direção ao Templo, em oração sincera, mesmo depois de aflições os terem atingido por causa de seus pecados.

Ouve as súplicas do teu servo e de Israel, o teu povo, quando orarem voltados para este lugar. Ouve dos céus, lugar da tua habitação, e, quando ouvires, dá-lhes o teu perdão. (1 Reis 8:30).

Como o Rei Salomão sabia que a construção do Templo tinha agradado a Deus e tinha sido uma bênção, ele corajosamente implorou a Deus pelo seu povo. Ao ouvir a oração de Salomão, Deus respondeu:

"Ouvi a oração e a súplica que você fez diante de mim; consagrei este templo que você construiu, para que nele habite o meu nome para sempre. Os meus olhos e o meu coração estarão sempre nele. (2 Kings 9:3).

Portanto, quando a pessoa adora a Deus hoje com todo o seu coração, com toda sua mente e toda sinceridade, em um santuário santo onde Deus habita, Deus Se encontra com ela e responde aos desejos de seu coração.

3. Adoração Carnal & Adoração Espiritual

Observando a Bíblia, vemos que existem tipos de adoração que Deus não aceita. Dependendo do tipo de coração com que a adoração é oferecida, há cultos espirituais de adoração que Deus aceita e cultos carnais os quais Ele recusa.

Adão e Eva foram expulsos do Jardim do Éden devido à sua desobediência. Em Gênesis 4 lemos sobre seus dois filhos – o mais velho, Caim, e o mais novo, Abel. Um dia, eles foram fazer ofertas a Deus. Caim era agricultor e deu a Deus "fruto da terra" (versículo 3), enquanto Abel ofereceu "as partes gordas das primeiras crias de seu rebanho" (versículo 4). Deus, por sua vez, "aceitou com agrado Abel e sua oferta, mas não aceitou Caim e sua oferta" (versículos 4-5).

Por que Deus não aceitou a oferta de Caim? Em Hebreus 9:22 vemos que a oferta dada a Deus deve ser de sangue, que pode perdoar pecados de acordo com as leis do mundo espiritual. Por essa razão, animais como bezerros ou cordeiros eram apresentados como ofertas nos tempos do Velho Testamento, enquanto Jesus, o Cordeiro de Deus, Se tornou sacrifício redentor, ao derramar Seu sangue nos tempos do Novo Testamento.

Hebreus 11:4 nos diz: "Pela fé Abel ofereceu a Deus um

sacrifício superior ao de Caim. Pela fé ele foi reconhecido como justo, quando Deus aprovou as suas ofertas. Embora esteja morto, por meio da fé ainda fala." Em outras palavras, Deus aceitou a oferta de Abel porque ele oferecera a Deus uma oferta de sangue, segundo Sua vontade, mas recusou a de Caim, que não tinha sido de acordo com ela.

Em Levítico 10:1-2, lemos sobre Nadabe e Abiú, que "trouxeram fogo profano perante o Senhor, sem que tivessem sido autorizados", e foram consumidos pelo fogo "que saiu da presença do SENHOR." Também lemos em 1 Samuel 13 sobre como Deus abandona o Rei Saul, depois que ele pecou, ao exercer o dever do profeta Samuel. Antes de uma batalha com os filisteus, o Rei Saul fez uma oferta a Deus diante da não vinda do profeta Samuel dentro do tempo que deveria aparecer. Quando Samuel chegou, depois que a oferta já tinha sido feita por Saul, Saul deu uma desculpa dizendo que fizera aquilo relutantemente, porque o povo estava se dispersando dele. Em resposta, Samuel reprovou Saul, "Você agiu com tolice", e disse ao rei que Deus o havia abandonado.

Em Malaquias 1:6-10, Deus repreende os filhos de Israel por não darem a Ele o melhor que podiam oferecer, mas sim coisas que não lhes tinham mais utilidade. Deus também diz que não aceitará o tipo de adoração que segue apenas formalidades religiosas e não tem o coração das pessoas aplicado. Nos termos de hoje, isso quer dizer que Deus não aceita culto carnal de adoração.

João 4:23-24 nos fala que Deus aceita alegremente o culto espiritual de adoração que as pessoas Lhe oferecem em espírito e em verdade, e as abençoa de modo que tenham justiça, misericórdia e fidelidade em suas vidas. Em Mateus 15:7-9 e 23:13-18 nos é falado que Jesus repreendeu veementemente os fariseus e escribas de Seu tempo, que seguiam as leis rigidamente por tradição de homens, mas tinham corações que não adoravam a Deus em verdade. Deus não aceita adoração que o homem oferece arbitrariamente.

A adoração deve ser oferecida de acordo com os princípios que Deus estabeleceu. É assim que o cristianismo se difere claramente das outras religiões, cujos adeptos criam adoração para satisfazerem suas necessidades e adoram de maneira que agradem a si mesmos. Por um lado, um culto carnal de adoração é inútil – o indivíduo simplesmente vai ao santuário e participa do culto. Por outro lado, um culto espiritual de adoração é um ato verdadeiro de adoração do fundo do coração – o indivíduo participa do culto em espírito e em verdade, como filho de Deus, com amor ao Pai celestial. Sendo assim, mesmo que duas pessoas adorem no mesmo local e horário, dependendo do tipo de coração de cada uma, Deus pode ou não aceitar a adoração de cada uma delas. Mesmo que as pessoas vão ao santuário e adorem a Deus, de nada adianta se Deus disser: "Não aceito sua adoração."

4. Apresente Seu Corpo Como Sacrifício Vivo e Santo

Se o propósito de nossa existência é engrandecer a Deus, então a adoração deve ser o foco de nossas vidas e devemos viver cada momento com atitudes que O adorem. O sacrifício vivo e santo que Deus aceita, a adoração em espírito e em verdade, não é cumprida indo ao culto de domingo, uma vez por semana, enquanto se tem uma vida como se bem entende de segunda a sábado. Fomos chamados para adorar a Deus a todo o tempo em todos os lugares.

Ir à igreja para adorar é uma extensão da vida de adoração. Uma vez que qualquer adoração, que é separada da vida da pessoa, não é verdadeira, a vida do crente como um todo deve ser uma vida de culto espiritual de adoração oferecido a Deus.

Não devemos apenas oferecer um lindo culto de adoração no santuário, de acordo com os procedimentos e significados adequados, mas também devemos ter vidas santas e puras, obedecendo aos estatutos de Deus em nosso cotidiano.

Romanos 12:1 nos diz: "Portanto, irmãos, rogo pelas misericórdias de Deus que se ofereçam em sacrifício vivo, santo e agradável a Deus; este é o culto racional de vocês." Assim como Jesus salvou toda a humanidade ao oferecer o Seu corpo como sacrifício, Deus quer que apresentemos nossos corpos como sacrifício vivo e santo também.

Além do Templo visível, uma vez que o Espírito Santo, que é um com Deus, habita em nossos corações, cada um de nós também se torna templo de Deus (1 Coríntios 6:19-20). Devemos ser renovados todos os dias na verdade e nos guardarmos de forma a sermos santos. Quando a Palavra, oração e louvor abundam em nosso coração e quando fazemos tudo em nossas vidas com um coração que adora a Deus, estaremos dando nossos corpos como sacrifício vivo e santo a Ele, com que Ele Se alegra.

Antes de eu conhecer a Deus, eu estava muito enfermo. Passei muitos dias de minha vida em profundo desespero. Depois de estar enfermo e de cama por sete anos, me encontrava com uma dívida imensa, devida aos custos do hospital e medicamentos. Estava na miséria. Contudo, tudo mudou quando eu conheci Deus. Ele me curou de todas as minhas doenças de uma só vez e pude recomeçar minha vida.

Cheio de Sua graça, comecei a amar a Deus acima de todas as coisas. No Dia do Senhor, levantava-me de madrugada, tomava um banho (que não podia faltar), e colocava roupas de baixo limpas. Ainda que tivesse usado um par de meias só por pouco tempo no sábado, nunca o utilizava na igreja no dia seguinte. Também colocava minhas melhores e mais limpas roupas.

Isso não é dizer que crentes devem estar na moda, quando vão adorar. Se o crente verdadeiramente crê e ama a Deus, é mais do que natural que ele se prepare com todo carinho para ir diante Dele para engrandecê-Lo. Mesmo que as circunstâncias de alguém não lhe permitam determinadas roupas, todos podem fazer o seu melhor para estar o mais preparados e belos, segundo suas habilidades.

Sempre garanti o uso de notas novas nas minhas ofertas. Sempre que me deparava com notas novas, translúcidas, separava-as para ofertas. Mesmo em emergências, nunca toquei no dinheiro que havia separado para ofertar. Sabemos que mesmo nos tempos do Velho Testamento, mesmo havendo diferentes níveis de acordo com as condições e circunstâncias de cada pessoa, todo crente preparava uma oferta, quando ia para diante do sacerdote. Sobre isso, Deus nos instrui duramente em Êxodo 34:20: "Ninguém compareça perante mim de mãos vazias."

Como aprendi com um avivalista, sempre garanto que irei trazer uma oferta grande ou pequena a cada culto de adoração. Embora o que pagávamos só de juros pela nossa dívida mal podia ser coberto, pelo que eu e minha esposa ganhávamos, nem uma vez demos relutantemente, muito menos nos arrependemos de ter ofertado. Como poderíamos nos arrepender, quando nossas ofertas eram usadas para salvar almas e para que o reino e a justiça de Deus fossem cumpridos?

Ao ver nossa devoção, no tempo escolhido por Ele, Deus nos abençoou de forma a quitarmos nossa enorme dívida. Comecei a orar a Deus para que Ele me fizesse um bom presbítero, que pudesse dar alívio financeiro aos pobres e cuidar dos órfãos, viúvas e doentes. Contudo, Deus inesperadamente me chamou para ser um ministro e me levou a liderar uma imensa igreja, que salva inúmeras almas. Apesar de não ter-me tornado um presbítero, consigo prover alívio financeiro para um grande número de pessoas Recebi o poder de Deus pelo qual posso curar os doentes – ambas as coisas foram muito além do que eu havia pedido em oração.

5. "Até que Cristo Se Forme em Você"

Assim como pais trabalham voluntária e extremamente, criando seus filhos, depois que eles nascem, muito trabalho, perseverança e sacrifício são necessários no cuidado e no direcionamento de cada alma à verdade. A esse respeito, o apóstolo Paulo confessa em Gálatas 4:19: "Meus filhos, novamente estou sofrendo dores de parto por sua causa, até que Cristo seja formado em vocês."

Como conheço o coração de Deus, que considera uma alma mais preciosa do que tudo no universo, e deseja ver todas as pessoas receberem a salvação, eu também tenho dado o máximo de mim para levar sempre mais, uma alma que seja, ao caminho da salvação e da Nova Jerusalém. Lutando para que o nível de fé dos membros da igreja "atingindo a medida da plenitude de Cristo" (Efésios 4:13), tenho orado e preparado mensagens a todo momento e oportunidade que encontro. Embora haja vezes em que minha grande vontade é de sentar junto com os membros da igreja para conversar com eles alegremente, tenho praticado o domínio próprio em todas as coisas e executado os deveres que Deus tem me dado.

Tenho dois desejos para todo crente. Primeiro, queria muito que muitos crentes não apenas recebessem a salvação, mas fossem para a Nova Jerusalém, o lugar mais glorioso no Céu. Segundo, queria muito que todos os crentes escapassem da miséria e tivessem vidas de prosperidade. À medida que a igreja passa por avivamento e aumenta em tamanho, o número de pessoas que recebem alívio financeiro e cura também aumenta. Em termos mundanos, não é fácil identificar as necessidades de cada membro da igreja e tomar atitude.

Sinto o mais pesado dos fardos quando crentes cometem pecados, pois sei que quando um crente peca, ele vê que se distanciou da Nova Jerusalém. Em casos extremos, ele pode até achar que não pode sequer ser salvo. O crente pode ser respondido e receber cura física ou espiritual somente quando ele demole o muro de pecado entre ele e Deus. Grudando em Deus, no lugar dos crentes que têm pecado, já perdi noites de sono, lutei contra convulsões, derramei lágrimas, perdi um volume incalculável de energia e acumulei inúmeras horas e dias de jejum e oração.

Tendo aceitado essas ofertas incontáveis vezes, Deus mostrou sua misericórdia para com as pessoas, até mesmo algumas que antes não eram dignas de salvação, concedendo o espírito de arrependimento a elas, para que pudessem se arrepender e ser salvas. Deus também ampliou as portas da salvação, para que inúmeras pessoas em todo o mundo pudessem ouvir o evangelho da santidade e aceitar as manifestações do Seu poder.

Sempre que vejo muitos crentes crescendo lindamente na verdade, para mim é a coisa mais recompensadora como pastor. Da mesma forma que o irrepreensível Senhor Se ofereceu como cheiro suave a Deus (Efésios 5:2), eu também estou marchando para frente para oferecer cada aspecto da minha vida como sacrifício vivo e santo a Deus, pelo Seu reino e pelas almas.

Quando filhos honram seus pais no Dia das Mães ou no Dia

dos Pais e têm gestos de gratidão, os pais ficam muito felizes. Mesmo que os gestos não sejam muito do gosto dos pais, eles se alegram, pois vieram de seus filhos. Da mesma forma, quando Seus filhos oferecem a Ele adoração que prepararam com o maior grau de esforço em seu amor pelo Pai celestial, Ele Se deleita e os abençoa.

Obviamente, crente nenhum deve viver aleatoriamente durante a semana e demonstrar devoção só aos domingos! Assim como Jesus nos diz em Lucas 10:27, cada crente deve amar a Deus com todo o seu coração, alma, força e mente e se oferecer como sacrifício vivo e santo todos os dias de sua vida. Adorando a Deus em espírito e em verdade e oferecendo-Lhe o aroma agradável do seu coração, que cada leitor possa desfrutar de todas as bênçãos que Deus preparou para ele.

O Autor
Dr. Jaerock Lee

Dr. Jaerock Lee nasceu em Muan, província Jeonnam, República da Coreia, em 1943. Enquanto que em seus vinte anos, Dr. Lee sofria de uma variedade de doenças incuráveis por sete anos e esperava a morte com nenhuma esperança de recuperação. No entanto, um dia, na primavera de 1974, ele foi levado a uma igreja por sua irmã e quando ele se ajoelhou para orar, o Deus vivo imediatamente o curou de todas as suas doenças.

A partir do momento que ele conheceu o Deus vivo através dessa experiência maravilhosa, Dr. Lee tem amado a Deus com todo o coração e sinceridade, e em 1978 ele foi chamado para ser um servo de Deus. Ele orou fervorosamente com inúmeras orações de jejum para que ele pudesse entender claramente a vontade de Deus, totalmente realizado a obedecer à Palavra de Deus. Em 1982, ele fundou Manmin Igreja Central em Seul, Coréia, e inúmeras obras de Deus, incluindo curas milagrosas, sinais e maravilhas, foram ocorrendo em sua igreja desde então.

Em 1986, o Dr. Lee foi ordenado pastor na Assembleia Anual de Jesus da Igreja Sungkyul da Coreia, e quatro anos mais tarde, em 1990, seus sermões começaram a ser transmitido na Austrália, Rússia e Filipinas. Dentro de um curto espaço de tempo muito mais países foram sendo alcançados através da Companhia Far East Broadcasting, a estação de transmissão da Ásia e do sistema de rádio cristã Washington.

Três anos depois, em 1993, Igreja Central Manmin foi selecionada como uma das "50 melhores Igrejas do mundo" pela revista Cristã Mundial (EUA) e recebeu um honorário doutorado de divindade da Christian Faith College, Florida, EUA, e em 1996 ele recebeu seu Ph. D. em Ministério da Kingsway Theological Seminary, Iowa, EUA.

Desde 1993, o Dr. Lee tem liderado a evangelização do mundo através de muitas cruzadas no exterior, na Tanzânia, Argentina, Los Angeles, Baltimore, Havaí e Nova York nos EUA, Uganda, Japão, Paquistão, Quênia, Filipinas, Honduras, Índia, Rússia, Alemanha, Peru, República Democrática do Congo, Israel e Estônia.

Em 2002, ele foi reconhecido como um "reavivalista mundial" por seus ministérios poderosos em várias cruzadas no exterior, pelos principais jornais cristãos na Coréia. Em particular, foi a sua "cruzada em Nova York 2006", realizada no Madison Square Garden, a mais famosa arena do mundo. O evento foi transmitido para 220 países, e em 'Israel United Crusade 2009', realizado no Centro Internacional de Convenções (ICC), em Jerusalém, ele corajosamente proclamou que Jesus Cristo é o Messias e o Salvador.

Seus sermões são transmitidos para 176 países via satélites, incluindo TV GCN e ele foi listado como um dos "Top 10 mais influentes líderes cristãos" de 2009 e 2010 pela popular revista cristã Russa In Victory e a agência de notícias Christian Telegraph por seu poderoso ministério pastorado de transmissão de TV no exterior.

Desde julho de 2013, Igreja Central Manmin tem uma congregação com mais de 120.000 membros. Existem 10.000 igrejas filiais em todo o mundo, incluindo 56 igrejas filiais nacionais, e mais de 125 missionários foram comissionados para 23 países, incluindo os Estados Unidos, Rússia, Alemanha, Canadá, Japão, China, França, Índia, Quênia, e muitos mais.

A partir da data desta publicação, o Dr. Lee já escreveu 87 livros, incluindo best-sellers Provando a Vida Eterna antes da Morte, Minha Vida Minha Fé I e II, A Mensagem da Cruz, A Medida da Fé,Paraíso I e II, O Inferno, Desperte Israel!, e O Poder de Deus. Suas obras foram traduzidas para mais de 75 idiomas.

Suas colunas cristãs aparecem em The Hankook Ilbo, The JoongAng Daily, The Chosun Ilbo, The Dong-A Ilbo, The Munhwa Ilbo, The Seul Shinmun, The Kyunghyang Shinmun, The Korea Economic Daily, The Korea Herald, The Shisa News, e The Christian Press.

Dr. Lee é atualmente líder de muitas organizações missionárias e associações. Posições que incluem: Presidente, The United Holiness Church of Jesus Christ, Presidente, Manmin World Mission; Presidente permanente, The World Christianity Revival Mission Association; Fundador e Presidente do Conselho, Global Christian Network (GCN); Fundador e Presidente do Conselho, World Christian Doctors Network (WCDN); e Fundador e Presidente do Conselho, Manmin International Seminary (MIS).

Outras obras poderosas do autor

Céu I & II

Um esboço detalhado dos ambientes maravilhosos que os cidadãos do céu desfrutam e a linda descrição dos diferentes níveis dos reinos dos céus.

A Mensagem da Cruz

Uma poderosa mensagem para despertar todas as pessoas que estão dormindo espiritualmente. Nesse livro podemos ver porque Jesus é o único Salvador e encontrar o verdadeiro amor de Deus.

Inferno

Uma mensagem profunda de Deus, que não deseja que nem uma alma sequer vá para as proofundezas do inferno, a toda a humanidade! Você descobrirá coisas nunca antes reveladas sobre a cruel realidade do Ades e do Inferno.

Espírito, Alma e Corpo I & II

Um manual que nos dá entendimento espiritual do espírito, alma e corpo e nos ajuda e identificar o tipo de 'eu' que criamos para que possamos obter força para derrotar as trevas e nos tornarmos pessoas espirituais.

A Medida da Fé

Que tipo de lar celestial, coroa e recompensa estão preparados para você no céu? Esse livro fornece, com sabedoria, meios para você medir sua fé e cultivá-la de modo a torná-la melhor e mais madura.

Desperta Israel

Por que Deus tem mantido Seus olhos sobre Israel desde o princípio do mundo até hoje? Que providência Sua tem sido preparada para Israel nos últimos dias, que espera pelo Messias?

Minha Fé Minha Vida I & II

A autobiografia do Dr. Jaerock Lee exala o mais fragrante aroma espiritual para seus leitores através de sua vida extraída do amor de Deus florescido em meio a ondas fortes, um jugo pesado, e profundo desespero.

Sete Igrejas

As profundas mensagens do Senhor despertando os crentes e igrejas de seu sono espiritual, enviadas às sete igrejas de Apocalipse capítulos 2 e 3, que se referem a todas as igrejas do Senhor.

www.urimbooks.com

www.ingramcontent.com/pod-product-compliance
Lightning Source LLC
LaVergne TN
LVHW021826060526
838201LV00058B/3526